게리 하우겐은 미국에서 성공이 보장된 길을 떠나, 억압받는 이들을 향한 좁은 길을 걸어왔다. 그에게 정의를 위한 용기는 하나님이 주신 선물이었다. 그는 우리에게 신앙의 안전지대에 머무르지 말고, 하나님이 주시는 정의에 대한 갈망에 응답하기를 도전한다. 또한 게리와 IJM은 한국교회가 고민하고 있는 선교의 새로운 방향과 패러다임을 제시한다. 이 책을 통해 21세기에도 일어나고 있는 비극적인 현실을 마주하고, 한 생명을 위해 함께 기도하는 시간이 되기를 소망한다.

이재훈 온누리교회 담임목사

세상에는 관심을 갖는 순간 우리를 불편하고 고통스럽게 하는 현실이 존재한다. 적지 않은 그리스도인들은 그런 현실을 외면하는 데 익숙한 편이다. 이런 우리의 이기적 익숙함을 부끄럽게 하는 광야의 외침이 있다. 게리 하우겐의 『정의를 위한 용기』가 바로 그렇다. 이 책은 우리에게 고통스럽더라도 하나님의 정의를 위해 헌신하라고 도전한다. 누구든 이 책을 진지하게 읽는다면 세상을 바꾸기 원하는 용기를 구하는 기도를 하게 될 것이다.

김여호수아 서울드림교회 담임목사

전심으로 예수를 따른다고 하면서도 모험을 두려워하는 여행자처럼 사는 그리스도인이 많다. 게리 하우겐은 정의의 하나님을 만날 때에만 그리스도인의 삶이 진정한 모험이 될 수 있다고 말한다. 고위 공직을 마다하고 IJM을 설립하여 이끌고 있는 하우겐의 삶은 그 자체가 정의를 위한 용기의 모험이다. 정의를 위한 용기를 갈구하는 젊은 그리스도인들의 일독을 권한다.

이국운 한동대학교 법학부 교수

내가 내 성공을 좌우할 수 있는 안전한 곳은 지루한 장소다. 아니 무엇보다 불신의 장소다. 이 책을 읽은 독자들이 용기를 얻어 하나님 나라를 위해 위험한 곳, 망할 수도 있는 곳으로 가게 되기를, 그곳에서 어린아이처럼 약해져 절실히 그분의 도움만을 구하며 생생하게 그분을 경험하기를 바란다.

김종철 변호사, 공익법센터 APIL

게리 하우겐에게 사역의 동기를 물은 적이 있다. 그러자 그는 잠시 생각하더니 이렇게 말했다. "당신도 알다시피, 내가 이 일을 하지 않으면 또 다른 어린 소녀가 나쁜 사람에게 끌려가 창녀로 팔릴 겁니다." 게리에게는 그것이 분명했다. 그가 날마다 현대 노예제와 싸우는 이야기를 살지 않는다면, 다른 누군가는 추악한 이야기를 계속 살아갈 것이다. 좋은 이야기는 어둠 속에 빛을 비춘다.

도널드 밀러 『천년 동안 백만 마일』 저자

이 책은 비상 출입구를 알려 주는 불빛처럼 반짝거린다. 과도한 죄책감이나 우리가 해야 할 산더미 같은 일들에 대해 떠들기만 하는 수준을 벗어나 예수 그리스도의 제자에게 허락하신 생명과 구원을 주는 약속으로 우리를 인도한다.

사라 그로브스 싱어송라이터

게리 하우겐은 법률가의 날카로운 눈과 예수 그리스도를 따르는 진정한 제자의 민감한 영을 모두 지녔다. 그는 사정을 봐주는 법이 없다. 우리는 그에게서 배워야 하고, 그가 아는 것을 알아야 하며, (우리의 상상에 불과할지라도) 그가 보는 것을 보고 듣는 것을 들어야 한다.

존 스토트 『제자도』 저자

게리 하우겐의 책을 읽으면 하나님에 대한 큰 비전을 품을 수밖에 없다. 우리에게 정의를 행하고 인자를 사랑하며 겸손히 하나님과 함께 행하라고 말하는 그는, 이 시대의 예언자다.

존 오트버그 『평범 이상의 삶』 저자

게리 하우겐은 고통받는 사람들을 돌보는 것이 어떤 것인지 보여 주는데, 그것은 우리의 기대에 어긋날 수도 있다.…그는 가난한 사람들을 위한 정의의 싸움이 그들의 인생을 장기적으로 변화시키는 강력하고 효과적인 방법이라고 설득력 있게 주장한다. 이 책을 절대 놓치지 마라!

케이 워런 새들백 교회 HIV/AIDS Initiative 실행이사

정의를 위한 용기

IVP(InterVarsity Press)는
캠퍼스와 세상 속의 하나님 나라 운동을 지향하는
IVF(InterVarsity Christian Fellowship)의 출판부로서
생각하는 그리스도인을 위한 문서 운동을 실천합니다.

Originally published by InterVarsity Press
as *Just Courage* by Gary A. Haugen
ⓒ 2008 by International Justice Mission
Translated and printed by permission of InterVarsity Press,
P. O. Box 1400, Downers Grove, IL 60515, USA.
www.ivpress.com
All rights reserved.

This Korean translation edition ⓒ 2011, 2022 by Korea InterVarsity Press
156-10 Donggyo-ro, Mapo-gu, Seoul 04031, Republic of Korea.

정의를 위한 용기

**안전을 택할 것인가,
용기를 택할 것인가?**

게리 하우겐
이지혜 옮김

IVP

용감한 삶을 선택한
밥 모지어에게 바칩니다.

차례

개정판 서문　13

1장　모험이 빠져 버린 여행　17
2장　구원받은 사람에서 구원하는 사람으로　33
3장　용기로 이끄는 놀라운 길　45
4장　정의의 하나님　71
5장　정의로운 예배　77
6장　하나님 사랑, 이웃 사랑　83
7장　어둠에 맞선 사람들　91
8장　한 사람의 증거　99
9장　용기라는 선물을 붙잡으라　111
10장　안전을 택할 것인가, 용기를 택할 것인가?　119

부록: IJM과 동역하는 방법　145
토론과 묵상을 위한 질문　153
감사의 글　161
CLF(기독법률가회) 소개　163

일러두기
이 책은 새로 저자의 '서문'을 추가하고 '부록: IJM과 동역하는 방법'과 'CLF(기독법률가회) 소개' 내용을 보완하였으며, 판형과 장정을 새롭게 한 개정판입니다.

개정판 서문

이 책을 처음 집필할 때, 저는 동시대를 살아가는 그리스도인들의 열망을 보았습니다. 바로 예수님을 따르고 용기를 내어 이웃을 사랑하는 일이었습니다. 15년이 지난 지금, 세계 곳곳에 있는 그리스도의 몸 된 지체들 가운데 이러한 열망이 더 크게 자라나고 있다고 확신합니다. 가난한 사람들을 폭력과 착취로부터 보호하고 이를 통해 정의를 추구하는 사역은 쉽지 않습니다. 하지만 예수님을 따르는 사람들이 점점 두려움과 중요하지 않은 것으로부터 자유로워지는 경험을 했고, 그분이 주시는 담대함을 갖고 가장 어두운 고통의 영역에서 자유와 희망, 그리고 빛을 전하러 나아갔습니다.

전 세계 수많은 그리스도인들과 교회 공동체가 정의를 추구하고 억눌린 자들을 구하라는 하나님의 부르심에 일어나 사람들을 그 길로 인도하는 것을 직접 목격하는 것은 가슴 벅찬 경험입니다. 우리는 변화를 목도하고 있습니다. 세계 곳곳에서 여성과 남성, 어린아이들이 폭력으로부터 보호받고 노예와 같은 삶에서 해방되고 있으며, 각국의 정부가 자국민을 보호하기 위해 더 큰 사법체계를 구축하고 강화하고 있습니다. 그뿐 아니라 교회들이 자기가 속한 지역 공동체를 보호하고 회복시키는 데 앞장서 있습니다. 그럼에도 불구하고 하나님의 부르심은 계속되고 있습니다. 어느 때보다 도움이 간절합니다. 그렇기에 우리의 소망도 커져 갑니다. 저는 용기와 믿음을 삶 가운데 실천하기를 갈망하는 자들이 일어나 하나님이 열망하시는 정의에 대한 열정으로 다른 이들도 이 사역에 동참할 수 있도록 초청하기를 바랍니다. 저는 이것이 하나님이 자신의 백성을 부르시는 방법이라고 생각합니다.

정의 사역에 동참하라는 하나님의 기쁘고 지속적인 초대와 함께, 한국에서 『정의를 위한 용기』 개정판 출간 소식은 저에게 큰 격려가 됩니다. 지난 수십 년간 IJM은 이와 같은 사역을 전하고 나누기 위해 전 세계를 누비며 그리스도인들과 연대해 왔습니다. 그 열매 중 하나가 2020년 IJM Korea가 한국에 생긴 것입니다. 약자들을 폭력으로부터 보호하고, 모두가 안전하고 번영하는 공동체를 세워 나가는 이 사역에 한국이 앞장서서 전 세계에 귀감이 되는 모습을 보면 든든하고 또 감사한 마음입니다. 2030년까지 수백만 명의 노예를 구출하고, 5억 명 이상의 빈곤층을 폭력으로부터 보호하기 위한 IJM의 사역에 있어 한국은 중요한 동역자입니다. 한국은 노예의 삶에서 구출된 생존자 리더, 세계 교회, 지역 사회, 시민 사회, 기업 및 정부와 함께 용기를 갖고 협력할 것입니다. 한국이 만들어 가는 변화를 다른 나라들도 보게 되기를 간절히 바랍니다. 『정의를 위한 용기』가 한국 교회들이 이를 위해 기도에 동참하고 정의와 회복을 위한 선한 싸움을 이어 가는 데 강력한 자원이 되기를 소망합니다.

감사의 마음을 담아,
게리 하우겐

1장

모험이 빠져 버린 여행

공의의 하나님은 그날의 결정을 기뻐하셨고, 기적이 잇달아 일어나면서 IJM과 지역 당국은 인질과 노예 전원을 구출하는 데 성공했다.

거의 25년 전에 읽은 글이지만, 생생히 기억난다. 글이 너무나 충격적이었기에 정확히 언제, 어디서 읽었는지도 기억할 수 있다. 대학 새내기 시절 어느 늦은 밤, 나는 기숙사 세탁실에서 건조기에 넣은 옷이 마르기를 기다리며 존 스튜어트 밀의 『자유론』을 읽고 있었다. 1859년에 쓴 이 글에서, 밀은 말이 무의미해지는 과정을 설명하면서 이런 현상에 대한 가장 좋은 본보기로 무심코 그리스도인을 내세운다. 그는 그리스도인들이 실제로는 믿지 않는 가장 경이로운 사실을 말할 줄 아는 놀라운 능력을 소

> 밀은 그리스도인들이 실제로는 믿지 않는 가장 경이로운 사실을 말할 줄 아는 놀라운 능력을 소유한 것 같다고 했다.

유한 것 같다고 했다.

그중 가장 충격적인 부분은 나 같은 그리스도인들이 말하는 내용을 목록으로 작성한 것이었다. 예를 들면, 가난하고 겸손한 자가 복이 있다, 받는 것보다 주는 것이 복이 있다, 판단을 받지 않으려거든 판단하지 말라, 네 이웃을 네 몸과 같이 사랑하라 등이다. 그는 또 내가 그 사실을 정말로 믿는다면 내 삶이 어떻게 달라질지 조목조목 검토했다. 그런 다음 이렇게 결론을 내렸다. "그리스도의 말씀은 그리스도인의 마음에 수동적으로 공존하기 때문에, 듣기 좋은 말이 오가며 발생하는 효과 이외에는 아무런 영향력을 미치지 못한다."

그 목록에 등장하는 훌륭한 고백과 내 미미한 일상을 보면서, 나는 밀의 관찰이 확실히 옳다고 생각했다. 그런데 뒤이어 놀라운 깨달음이 찾아왔다. 죄책감이나 절망감이 아니라, 예기치 못한 희망을 엿본 것이다. 예수님의 말씀을 진리로 받아들이고 행동한다면, 내 인생은 더 이상 움츠러들거나 평범하지 않을 것이다.

예수님의 가르침을 믿기 힘들거나 이해하기 어려운 때도 있다. 복음서를 보면 예수님이 아이들의 가치를 보지 못하는 제자들을 나무라시는 장면이 나온다. 예수님은 "어린아이들이 내게 오는 것을 용납하고 금하지 말라. 하나님의 나라가 이런 자의 것이니라"(눅 18:16)라고 말씀하신다. 나는 그 부분을 읽으면 기분이 좋아지면서도 매번 그 의미를 이해하기는 쉽지 않았다.

성경에서 '기분 좋은' 가르침이기는 한데 별다른 교훈을 깨닫지 못하는 부분이 있다면 바로 이 본문일 것이었다. 그러나 시간이 흐르면서 나는 예수님이 이 이야기에서 하신 말씀이 내 삶을 변화시키는 능력을 가지고 있음을 깨닫기 시작했다. 그분의 말씀이 진실인 것처럼 내가 살아간다면 말이다. 그 이야기를 한번 해 보자.

사람들이 어린아이들을 예수님께 데려와 만져 주시기를 원했지만, 제자들은 그들을 나무랐다. 그러자 예수님이 제자들에게 화를 내셨다. "어린아이들이 내게 오는 것을 용납하고 금하지 말라. 하나님의 나라가 이런 자의 것이니라. 내가 진실로 너희에게 이르노니, 누구든지 하나님의 나라를 어린아이와 같이 받아들이지 않는 자는 결단코 거기 들어가지 못하리라"(눅 18:16-17). 그런 다음 아이들을 팔에 안고 안수하며 복을 주셨다.

어린아이와 같지 않으면 하나님 나라에 들어갈 수 없다는 예수님의 말씀은 무슨 뜻인가? 그 말씀대로 살 때 우리 인생은 어떻게 달라지겠는가?

첫째, 그 말이 뜻하지 않는 바를 생각해 보자. 예수님의 가르침에서 **하나님 나라를 받는다**는 것은 내세에서 구원받는 것만을 의미하지 않는다. 물론 그것도 포함하지만, 더 나아가 **지금** 이 땅에서 하나님 나라의 통치를 받아 누린다는 의미도 있다. 달라스 윌라드(Dallas Willard)는 그 점을 이렇게 잘 표현했다.

신약의 본문들은 하나님 나라가 지금 받아들이고 나중에 즐거워하는 곳이 아니라, 지금 **들어가는** 곳임을 명확히 보여 준다. 그 나라로 옮겨져 그 안에서 함께 일하는 육체적 시민들이 이미 있는 나라인 것이다.

하나님 나라의 **완전한** 통치는 아직 도래하지 않았지만, 예수님은 날마다 제자들에게 그분의 통치와 다스림 가운데 들어오라고 말씀하셨다. 열심 있는 그리스도인으로서 우리는 마땅히 예수님의 본을 따라 전능하신 하나님의 친밀한 임재를 체험하고, 완전히 뒤바뀐 일상을 살고자 할 것이다. 예수님을 알기 때문이다. 한마디로 말해, 우리는 하나님을 향해 **살아 있는** 삶을 살기 원한다.

이것이 바로 우리가 원하는 전부다. 하지만 어떻게 하면 그렇게 살 수 있을까? 예수님은 어린아이처럼 자신에게 나아오면 된다고 대답하신다.

어린아이처럼 나아오라

어린아이는 예수님께 어떻게 나아오는가? 답은 분명하다. 어린아이는 약하고 도움이 필요한 상태로 온다. 예수님은 어린아이처럼 약한 모습으로 나아올 때 그분의 다스림과 임재, 능력과 생명을 체험할 것이라고 말씀하신다. 예수님은 마태복음 18장에서 그 점을 더욱 분명히 하신다.

> 예수께서 한 어린아이를 불러 그들 가운데 세우시고 이르시되, '진실로 너희에게 이르노니 너희가 돌이켜 어린아이들과 같이 되지 아니하면 결단코 천국에 들어가지 못하리라. 그러므로 누구든지 이 어린아이와 같이 자기를 낮추는 사람이 천국에서 큰 자니라.' (2-4절)

그런데 문제는 여기서 발생한다. 아마 이 책을 읽는 독자 중 다수도 비슷한 문제에 봉착하리라 생각한다.

나는 남의 도움이나 필요로 하는 약한 사람이 되고 싶지 않다.

실제로, 내 즉각적인 반응은 부정이다. "음, **정말로** 약하고 도움이 필요한 사람들에게는 큰 격려가 되는 말씀이군요. 예수님이 그들의 편을 들어 주신다니 얼마나 좋아요." 하지만 내 친구들과 나는 좀더 씩씩하고 강인한 그리스도인의 삶에 어울린다고 생각한다.

바울은 반대로 가르친다. 그는 고린도후서 4장과 12장에서 우리가 연약할 때 하나님의 능력이 온전해진다고 말한다. 우리의 연약함이 분명히 나타날 때 그리스도의 능력이 우리 안에 거하시며, 우리의 연약함은 우리가 아니라 하나님의 탁월한 능력을 드러내는 도구에 불과하다. "내가 약한 그때에 강함이라."

이 익숙한 본문에 대한 나의 신념에 대해서는, 밀이 이미 150년 전에 잘 기록했다.

[그리스도인들이] 이런 사실을 믿는다고 말할 때 그것은 거짓이 아니다. 그들은 정말로 믿는다. 하지만 구체적인 토론 없이 늘 듣기 좋은 소리로만 믿을 뿐이다.…그런 이야기를 들을 때면 습관적으로 존경을 표한다.…[그러나] 정작 행동이 필요할 때는 남을 찾는다. A씨나 B씨가 그리스도께 순종하려면 얼마나 더 멀리 가야 하는지 알려 주려는 것이다.

나는 어디까지 갈 수 있는가? 아주 솔직히 말하자면, 내가 안전한 데까지, 내가 관리할 수 있는 데까지, 위험을 통제할 수 있는 데까지, 나의 특정 능력이 허락하는 데까지다. 그렇기에, 홀로 있는 시간에 정직하게 내 속을 들여다보면 그리 멀리 나아가지 못하는 것을 깨닫는다.

파라다이스 관광 안내소

인생에서 가장 후회스러운 경우는, 여행을 떠났지만 모험은 쏙 빠져 버린 때다. 열 살 때, 나는 아버지와 두 형과 함께 레이니어산에서 캠핑과 하이킹을 했다. 시애틀 외곽에 있는 레이니어산은 화산암과 빙하가 구름을 뚫고 4,392미터까지 솟은 높은 산이다. 까다로운 날씨 때문에, 아직도 등산하다가 목숨을 잃는 사람들이 종종 나온다. 또 에베레스트산에 등정한 미국의 첫 번째 팀이 이곳에서 산악 훈련을 한 것으로도 유명하다. 수목 한계선 아래로는 미국에서 가장 오래되고 멋진 열대림이 어울리지 않게도 어마어마하게 큰 미송과 함께 자리하고 있다. 국립공원을 방문한 사람은 파라다이스라 불리는 고지대 초원까지 차로 올라갈 수 있다. 이 초원은 겨울에는 평균 15미터 이상 눈이 쌓이고, 여름에는 고지대 야생화가 지천으로 피어 세계 최고의 장관을 이룬다.

그런 곳에 자식들을 데려가 끝도 없이 걸으며 자연의 아름다움과 웅장함을 보게 해 주는 것이 우리 아버지의 자식 사랑법이었다. 형들은 열심히 뒤쫓아 가는 나를 버려두고 다음 봉우리까지 달음박질하곤 했지만, 아버지는 늘 내 곁을 지키셨다. 내가 스스로 속도를 조절한다고 생각하게 하시면서 막내아들과 함께 산 타는 즐거움을 만끽하시는 듯했다. 우리는 항상 내 목표치보다 조금 더 올라갔다. 하지만 등산길 내내 아빠가 곁에 계셨다. 개울이나 큰 바위를 건널 때는 넘어지지 않도록 잡아 주시고, 먼저 쉬었다 가자고 말씀해 주시고, 거의 다 왔다고 격려해 주셨다.

그런데 그날만큼은 더 이상 올라가고 싶지 않았다. 우리는 수많은 인파와 함께 파라다이스 관광 안내소 주변의 완만한 포장길을 걸으면서 아름다운 야생화에 감탄하고 꽃의 이름을 알아맞히기도 했다. 그러나 초원 사이로 난 포장길은 곧 끝나 버리고, 경고 표지판이 나타났다. 정상으로 향하는 등산로를 알리는 표지였다. 계속해서 산에 오르려는 사람들을 기다리는 각종 위험 요소가 조목조목 명시된 그 글은 법률 전문가들이 쓴 것이 틀림없었다. 나는 아직 힘이 남아 있었지만, 끝없이 솟아오른 거대한 바위들과 눈밭을 올려다보고 있으려니 명치끝이 답답해졌다. 아빠는 정상에 도전하는 등산가들이 베이스캠프로 사용하는 캠프 뮤어(Camp Muir)까지만 가 보자고 하셨고, 형들은 흔쾌히 동의했다. 아빠는 아빠가 도와주면 나도 할 수 있다고, 거기서 보는 풍경과 성취감이 대단할 거라고 나를 설득하셨다. 더군다나 온 가족이 함께이니 얼마나 더 즐겁겠는가.

하지만 나는 그토록 친절한 표지판을 만든 법률 전문가들의 의견에 귀를 기울여야 한다고 생각하는 중이었다. 일은 늘 잘못될 수 있는 것 아닌가. '내가 중도에 포기하면 어떡하지? 또다시 다른 사람의 도움을 받는 꼴이 되면 정말 창피할 텐데. 아빠가 중간에 길을 잃으시면 어떡하지? 아빠가 도와주다가 너무 짜증 나서 날 버리고 가

면 어떡하지?'

이런저런 염려가 요동을 치다가, 결국 열 살짜리다운 답을 내놓고 말았다.

"아뇨. 재미없을 것 같아요."

나는 등산을 포기하고 관광 안내소 주변에서 시간을 보내기로 했다. 파라다이스 초원에 위치한 대규모 관광 안내소 내부에는 야생 동식물, 산의 역사, 등반 도전 이야기 등을 담은 전시물과 영상물이 풍성했다. 그중에는 아이들을 위한 야생화 퀴즈도 있었는데, 내가 보기엔 충분히 승산이 있었다.

아빠는 형들과 아빠가 산에 올라가고 하루 종일 혼자 놀려면 지루하지 않겠냐며 두세 번 더 권하시더니, 결국 포기하셨다. 아빠와 형들이 출발한 다음 관광 안내소로 돌아온 나는 꽤 흡족했다.

관광 안내소는 따뜻하고 안락했다. 보고 즐길 거리도 많아 구석구석 뛰어다니면서 신나게 구경했다. 가는 곳마다 사람들이 붐비는 것으로 보아, 선택을 제대로 한 것 같았다. 하지만 오후로 넘어가면서 넓게만 보이던 관광 안내소가 점점 좁아 보이기 시작했다. 따뜻한 공기는 갑갑하게 느껴졌고, 박제한 야생 동물들은 말 그대로 죽은 동물일 뿐이었다. 산을 정복한 위인들을 보여 주는 비디오도 예닐곱 번 반복해서 보니 시들해졌고, 나도 비디오만 볼 것이 아니라 직접 산을 정복해 보고 싶다는 생각마저 들었다. 모든 게 지겹고 졸음이 몰려오면서 의기소침해졌다. 아빠가 보고 싶었다. 아무 위험 없이 완벽하게 안전하기는 했지만, 옴짝달싹 못하는 신세였다.

10년 평생 가장 지루했던 오후가 지나고, 드디어 아빠와 형들이 위풍당당하게 개선했다. 추위에 얼굴이 발그스레했지만, 눈에는 총기가 가득했다. 모두 눈에 쫄딱 젖고, 배도 곯고 갈증이 심한데다, 온몸이 바위와 얼음덩어리에 긁힌 상처투성이였지만, 집으로 돌아오는 내내 떠들기 바빴다. 아빠와 함께 높은 산에 올라 잊을 수 없는 추억을 만든 형들은 이야깃거리가 넘쳐났다. 나도 이번 방학 중에 가장 재밌는 하루였다고 억지를 부리긴 했지만, 사실은 할 말이 별로 없었다. 사실대로 말하자면, 여행에 나서긴 했지만 모험은 놓치고 만 셈이다. 서른네 해가 지난 지금도 나는 관광 안내소에서 보낸 그날 하루를 잊지 못한다.

관광 안내소에 주저앉다

'내가 관광 안내소에 주저앉은 것은 아닐까' 하고 생각하는 그리스도인들이 점점 많아지는 것 같다. 예수님과 여행 중이긴 하지만 중요한 모험을 놓치고 있는 것만 같다.

하나님 아버지는 과거에 다른 방식으로 우리에게 제안을 하셨다. 네 한계를 넘어서 나를 따르라, 네 힘과 능력이 부치는 곳까지 나를 따르라, 대중이 감히 가지 못하는 곳까지 나를 따르라. 그러면 나의 능력과 지혜와 사랑을 체험하게 될 것이다.

예수님은 약함의 자리에까지 당신을 따르라고 명령하신다. 어린아이의 연약함을 무릅쓰고 주님을 따를 때, 하늘 아버지가 얼마나 강하시며 나를 얼마나

> '내가 관광 안내소에 주저앉은 것은 아닐까' 하고 생각하는 그리스도인들이 점점 많아지는 것 같다.

사랑하시는지 알게 된다고 말씀하신다.

하지만 솔직히 말하자면, 나는 아이보다는 어른이고 싶다. 하나님이 나타나시지 않더라도 스스로 일을 처리할 수 있는 곳에 머무르고 싶다. 처절하게 굴욕당하지 않아도 되는 곳, 절박한 심정을 애써 표현할 필요가 없는 곳 말이다.

그러면 나는 하늘 아버지를 수박 겉핥기식으로 경험하는 데 그친다. 관광 안내소에서 안전하고 따뜻하게 머물고 싶다면, 그분과 함께 산 정상에 오르는 모험은 포기해야 한다. 하지만 하나님은 내가 강할 때가 아니라 약할 때 그분의 능력이 내 안에서 온전해진다고 말씀하신다.

그렇다면 내가 잘하는 일들을 포기해야 할까? 나의 재능과 열정, 그동안 받은 훈련과 전문 지식 같은 장점들은 모두 버려야 한다는 말인가? 그렇지 않다. 그 모두는 하나님이 주신 선한 것들이다. 하나님은 우리가 힘에 부치는 등산에 도전하면서 그런 재능들을 사용하기 원하신다. 우리가 그분의 도움을 절실히 필요로 할 때, 기꺼이 도와주신다.

그런데 내 문제는 둘 중 하나다. 그분의 도움이 절실히 필요한 상황을 내가 굳이 원치 않고, 오히려 그분의 도움을 절실히 필요로 할 때는 **하나님** 나라보다는 **내** 나라에 필요한 것을 구하고 있다는 점이다. 두 경우 모두, 하나님 아버지는 자신의 능력을 부어 주시지 않는다. 내가 그분의 능력을 구하지 않거나 내게 무익한 것을 구하기 때문이다. 그래서 나는 관광 안내소에 주저앉아 오도 가도 못하는 신세가 된다.

내가 IJM(International Justice Mission)에서 경험한 것들에 감사하는 이유도 마찬가지다. 그곳에서 끊임없이 나의 연약함을 경험했고, 그때마다 하나님은 자신의 능력을 기꺼이 보여 주셨기 때문이다. IJM은 그리스도인 법률가, 형사, 사회사업가, 변호사의 모임이다. 우리는 전 세계에서 발생하는 폭력과 성적 착취, 노예, 억압의 희생자들을 구조한다. 1997년 첫 직원을 맞은 이후로 현재는 전 세계에 1,200명의 직원이 있는데(2022년 기준), 대부분 개발도상국 출신 직원들이 자국에서 업무를 담당하고 있다.

그동안 놀라운 일이 많았지만, 그중에서도 가장 기쁘고 획기적인 사건은 하나님의 임재와 능력을 직접 체험한 것이었다. 나는 나의 연약함 가운데 임하시는 하나님을 체험했다. 그분은 우리를 폭력과 악의 전쟁터로 부르셨다. 나와 동료들은 날마다 하나님이 특별하게 간섭하시지 않는다면 그 전쟁에서 결코 이길 수 없다는 사실을 **안다**. 우리는 연약해서 하나님의 능력을 구할 수밖에 없는데, 때로는 하나님의 구원하시는 손길 이외에 아무런 안전망 없이 일할 때도 있다. 우리는 이 사역을 통해 실재하시는 하나님(과 그분의 강하고 진실한 손)을 발견했다. 삶의 안전띠를 단단히 매고 있었더라면 결코 체험할 수 없었을 귀한 경험이다.

구체적으로 말해서, 그 절박함이란 어떤 것들인가? 나의 경우는 이렇다. 먼 곳으로 팔려 가 섹스 관광객과 외국인 소아성애자에게 강간과 학대를 당하는 수많은 캄보디아 여자아이들의 실상을 담은 영상을 볼 때. 첩보 수사의 일환으로 캄보디아 매음굴을 찾아가 낯선 사람들과 성관계를 강요받는 5-10세 사이 여자아이들을 소개받을 때. 이런 현실에도 불구하고 아무것도 할 수 없다는 사람들의 이야기를 들을 때. 동료 수사관들에게 닥친 살해 위협, 고위 경관의 부패, 피해자들에 대한 미비한 후속 조치, 부패한 사법 체계를 볼 때. "아버지, 저희는 이 문제를 해결할 수 없습니다"라고 정직하게 고백하며 나아가면, "최선이라고 생각하는 일을 하고, 나와 함께 지켜보자꾸나" 하고 하나님이 말씀하실 때. 그것은 결국 위험한 거래를 떠안고는, 내가 바라고 상상하는 것보다 더 큰일을 하나님이 하시리라고 기대하는 것이다. 가여운 소녀들을 풀어 주시고, 피해자들에게 최상의 후속 조치를 제공하시며, 범인을 응징하시고, 역겨운 사업을 망하게 하시고, 캄보디아 정부가 이런 일을 스스로 감당할 수 있도록 훈련시키시고 미국 정부가 그 비용을 지불하도록 일하시는 모습 말이다.

절박한 필요

공격적인 악의 세력에 대항하면서 우리는 하나님 아버지의 도우심이 절대적으로 필요한 곳을 발견하였고, 또 그분이 기꺼이 도우시는 것을 목격했다. 그렇다고 해서 나의 재능이나 열정, 훈련을 포기하는 것이 아니라, 나의 능력을 벗어나는 결과나 안전을 넘어서는 곳에 하나님이 주신 능력들을 배치하는 것이다. 하나님의 도움이 절실히 필요하고, 그분이 개입하기 즐겨하시는 지점이 있다. 왜냐하면 그것이 바로 그분의 일이기 때문이다.

내 동료 샤론도 얼마 전에 그런 형편에 처한 적이 있다. 샤론과 그의 동료들은 상대하기 힘든 엄청난 적수를 만났다. 그는 동남아시아 지역의 노예상인데 어마어마한 권력의 소유자인데다 무자비하기로 악명이 높았다. 그가 데리고 있던 몇몇 노예가 도망을 치자(그중에는 시버라이라는 젊은 아이 아빠도 있었다) 이 노예상은 폭력배를 풀어 먼 곳에 사는 그의 친척들을 납치했다. 일당은 친척들을 인질로 삼고 심하게 고문하면서 시버라이와 나머지 도망간 노예들에게 돌아오라고 압력을 가했다. IJM은 이 정보를 입수하고 지역 경찰과 함께 구출 작전에 나섰지만, 실수로 노예상에게 구출 작전 정보가 흘러 들어가는 바람에 오히려 보복성 살해로 인질들이 목숨을 잃을 위기에 처했다. 샤론과 IJM 동료들은 작전 성공률이 얼마나 될지 의논했다. 노련한 그 지역 담당자는 성공률을 3퍼센트로 점쳤다. 그런 다음 이런 말을 덧붙였다. "하지만 하나님과 함께라면, 3퍼센트의 가능성으로도 성공할 수 있습니다."

정의의 하나님은 그날의 결정을 기뻐하셨고, 기적이 잇달아 일어나면서 IJM과 지역 당국은 인질과 노예 전원을 구출하는 데 성공했다. 샤론은 석방된 인질들이 연신 감사를 표하는 모습이 자신의 인생에서 가장 감동적인 경험이었다고 고백했다.

샤론은 하버드 출신으로 미국 법무부에서 증인 보호 프로그램을 담당했고, 최고 로펌에서 변호사로 일했다. 그녀는 자신의 재능과 전문 지식을 포기한 것이 아니었다. 오히려 그런 경험과 재능을 적극 살려 혼자서는 이길 수 없는 전쟁터에 뛰어들면서, 하나님의 함께하심을 굳게 믿었다. 그리고 그곳에서 하나님을 체험했다. 고생과 상처와 의심이 없지는 않다. 그러나 하루 일과를 마치면 그녀의 얼굴은 불그스레하고 눈은 총기로 반짝이며, 다른 사람에게 들려줄 이야기가 생긴다. 높은 산에서 아버지와 함께 잊지 못할 하루를 보낸 것이다.

　IJM 사람들을 비롯하여 기독교 전임 사역자들만 그런 하루를 보내는 것은 아니다. 내가 아는 사람 중에는 진리와 아름다움, 진정성을 지키는 전쟁터에 본인의 재능을 쏟아붓는 시나리오 작가와 영화 제작자도 있다. 혼자서는 이길 수 없는 전쟁이지만, 약함 가운데 하나님께 울부짖음으로써 크나큰 아픔과 함께 블록버스터 영화를 세상에 내놓게 되었다. 높은 산에서 아버지와 함께 잊지 못할 날들을 보내면서 이야기를 갖게 된 것이다. 마찬가지로, 잘나가던 시절에는 하나님 나라 사역에 수십억을 바쳤지만, 사업이 잘 풀리지 않아 순식간에 망한 친구도 있다. 그러나 사업이 흥하건 망하건, 그 친구는 관광 안내소에서 얼쩡대는 법이 없다. 그는 늘 높은 산에 있다. 비록 어린아이가 되어 산에 있지만, 그의 곁에는 아버지가 함께 계신다.

　또 연로하신 아버지를 돌보기 위해 일정한 시간을 내는 친구가 있는가 하면, 공부하는 아내 대신 가사를 돌보기 위해 장기 휴직을 한 친구도 있다. 두 친구 모두 쉽지 않은 상황이어서 하나님 없이는 견디기 어려웠을 것이다. 하지만 그들이 바란 게 바로 그런 삶이다. 그들은 약할 때 강함 되시는 하나님의 능력을 믿는 믿음으로 살기 때문이다.

풍성한 삶의 근원

어떻게 하면 우리를 위해 예비하신 풍성한 인생을 살 수 있을까? 어떻게 하면 지금 하나님 나라에 들어가 그분의 온전한 능력과 임재를 경험할 수 있을까?

우리는 약함 가운데 그렇게 할 수 있다. 하나님 아버지께서 사랑과 능력이 많으신 분임을 알기에 우리는 약함 가운데서도 평안할 수 있다(심지어 그것을 자랑할 수도 있다). 우리를 떠나지도 포기하지도 않으시는 그분이 함께하시는 한 만사가 형통하다.

따라서 나의 재능과 열정, 훈련과 장점을 십분 살려 안전과 통제가 통하지 않는 일, 내가 하나님을 필요로 하는 하나님 나라의 사역에 투신할 수 있다.

내가 그런 일을 하고 있다는 첫 번째 표시는 아마도 기도 생활에서 나타날 것이다. 마더 테레사는 기도하지 않고는 30분도 일할 수 없다고 말했다. 당신과 내가 하는 일 역시 기도 없이는 30분도 하지 못하는 일인가?

그렇지 않다면, 우리에게는 새로운 일이 필요할지도 모르겠다. 아니면, 지금 하는 일을 새로운 방식으로 해야 할지도 모르겠다. 내가 하는 일에 하나님의 능력이 필요 없다면, 내가 하는 일이 하나님 나라와 아무 상관이 없어서 하나님이 원하시는 일이 아니라면, 굳이 일하면서 30분마다 기도할 필요는 없을 것이다.

IJM에서는 매일 아침 30분 동안 기도와 침묵으로 하루를 준비하고, 오전 11시에는 모두 모여 기도한다. 우리가 이렇게 기도하는 이유는 영성 훈련을 위해서가 아니라 그렇게 하지 않으면 살 수 없기 때문이다. 기도로 영적인 힘을 공급받지 못하면 하나님이 우리에게 주신 소명을 감당할 수도 없고, 그분이 원하시는 대로 서로 사랑할 수도 없다.

높은 산에서 하나님 아버지를 따라갈 때 우리는 그분과 대화해야 한다. 여행 중에 대화는 자연스러운 일이다. 그러나 관광 안내소에는 볼거리가 너무 많아서 그런 대화가 필요 없다. 가끔씩 잘 있나 확인만 하면 그만이다.

나는 사람들이 관광 안내소에서 일생을 보내고 싶어 하지 않을 거라 믿는다. 하지만 관광 안내소 밖으로 나오려면, 거기 머물고 싶은 이유가 실은 두려움과 어리석음 때문이라는 사실을 인정해야 한다. 하나님 아버지는 진정한 기쁨이 있는 곳을, 또 우리가 약할지라도 그분을 따라 산에 오르는 것이 안전하다는 것을 잘 아신다. 그때에야 우리는 비로소 진짜 모험을 즐기면서 여행하는 기쁨을 알 수 있을 것이다.

2장
구원받은 사람에서 구원하는 사람으로

이는 아주 중요한 변화다. 그리스도로 인해 구원받은 우리가 그 구원이 그저 우리만 위한 것이 아니라 더 고상한 목적을 위한 것임을 깨닫는 순간 말이다.

"영 라이프"(Young Life)의 창시자이자 유명한 청소년 사역자인 짐 레이번(Jim Rayburn)은 이런 말을 했다. "복음으로 아이들을 지루하게 만드는 것은 죄악이다." 그렇다면 어른들은 어떤가? 어른들이 복음을 듣고 지루하게 느끼는 것은 괜찮은가?

내가 이런 질문을 던지는 이유는, 오늘날 수많은 그리스도인들에게서 겉으로는 잘 드러나지 않는 깊은 불만족을 감지할 수 있기 때문이다. 사람들은 그것을 권태라고 표현하지는 않을 것이다.

> 사람들이 입 밖에 내지 않을 뿐이지, 나는 그리스도인들이 생활에서 느끼는 엄청난 실망감을 알아차릴 수 있다.

권태라는 말은 너무 경박하게 들리기 때문이다. 사람들이 입 밖에 내지 않을 뿐이지, 나는 그리스도인들이 생활에서 느끼는 엄청난 실망감을 알아차릴 수 있다. 그들이 실망하는 이유는 실패해서가 아니다. 오히려 그들은 성공한 아버지요 열정과 재능이 많은 어머니, 훌륭한 전문직 종사자, 성숙한 친구, 지혜로운 소그룹 리더, 존경받는 어른, 부지런한 학생, 사랑스런 이웃이다. 그들은 심성이 착하고, 예수님을 열심히 따른다.

그런데 하루를 열심히 살고 저녁이 되면, 그리스도인의 삶은 이보다 더 나아야 하지 않을까 하는 생각이 든다. 더 폭넓고 의미 있고 활발하고 영예로운 삶을 기대한다. 그러나 현실은 다르다. 주일에 차를 타고 교회에 가는 길은 마치 "사랑의 블랙홀"(Groundhog Day)의 한 장면 같다. 영화에서 빌 머리(Bill Murray)가 연기한 주인공은 매일 똑같은 하루를 살아가야 하는 불쌍한 처지다.

그리스도인들이 매일 비슷비슷한 일상을 살아가는 건 그리 큰 문제가 아니다. 대개는 남에게 폐를 끼치지 않는 용건과 기분 좋은 대화를 되풀이한다. 가끔은 친절한 인사와 소소한 집안일, 기분 좋은 찬양 가사가 밋밋한 일상의 활력소가 되기도 하지만, 우리 마음은 곧 단조로운 일상, 나무랄 데 없이 완벽한 그리스도인의 하루로 돌아간다. 그리고 또다시 알 수 없는 불만족을 느낀다.

그리스도를 따르는 삶은 능력과 아름다움이 넘치며 세상에서 가장 중요한 모험인 줄로만 알았는데, 현실은 전혀 다른 것 같았다. 솔직히 말해, 실망스럽기까지 하다. 그렇다고 불평만 하는 것은 옳지 않다는 생각도 든다. 하나님은 우리에게 너무나 잘해 주셨고, 생활에도 큰 불편함이 없다. 물론 각자 나름대로 어려움이 있지만, 이 세상의 어마어마한 고난과 파괴, 비극과 재앙을 생각해 보면 우리가 누리고 가진 게 얼마나 많은지 모른다. 그러니 살짝 지루하면 좀 어떤가. 사실, 바쁘게 살면서 적당히 기분 좋게 감사하고 지내면 우울함도 날릴 수 있지 않은가.

하지만 바로 그 찰나에, 더욱 집요하고 악착같이 권태감이 몰려온다. 그리고 이 권태감은 대부분의 교인에게 퍼져 나간다. 사실상 많은 교회에서 이런 현상이 나타나기 시작한다. 흥분과 감격이 넘치는 교회 개척에 이어, 급속한 성장을 통한 창조적인 사역 확장이 교인들의 필요를 채워 주고, 교회 시설을 확충하며, 훌륭한 예배 음악과 프로그램을 도입하는 한편, 주기적으로 사역의 각 영역에 최신 기술을 도입한다. 그러고 나면, 결국 불만족과 내면의 실망감이 엄습한다. 친절만 몸에 밴 목회자들은 반복되는 일상에 빠져 매너리즘에 시달리고, 성경에 나오는 혁신적인 드라마나 모험, 갈급한 열정, 찬란한 능력 등은 먼 나라 이야기만 같다. 재능과 열정이 넘치는 성숙한 그리스도인들은 정장은 차려입었지만 정작 어디로 가야 할지 몰라 우두커니 서 있는 기분이다. 그리스도와 함께하는 모험을 위해 배가 바다로 출항하는데, 우리는 승선하지 못하고 고요한 해변에 남아 있다.

이제 어떻게 할 것인가?

모든 신자와 교회는 "이제 어떻게 할 것인가?"라는 내면의 목소리를 듣는 때를 언젠가는 맞게 된다.

예수님을 만나 그분을 통해 하나님과 화평케 된 이후에. 그리스도를 따르면서 삶의 모든 영역에서 그분께 복종하기 시작한 이후에. 우리 과거를 구속하시고, 상처를 치료하시며, 결혼 생활을 회복하시고 자녀들을 지켜 주시도록 간구한 이후에. 우리의 생각을 정결케 하시고, 우리의 야망을 성화하시며, 우리 마음을 부드럽게 하시고, 슬픈 일을 당할 때 위로하시며, 직장과 가정에서 혼란스러운 일을 당할 때 지혜로 인도해 주시기를 간구한 이후에. 하나님이 성경으로 우리 마음을 채우시고, 그분의 말씀과 노래와 길과 사랑을 가르쳐 주신 이후에. 이 모든 일을 경험한 이후에, "이제 어떻게 할 것인가?"라는 목소리가 들려온다.

나는 이것이 거룩한 불안의 목소리라고 생각한다. 이것은 신성한 불만족의 목소리요, 더 나은 것을 바라는 거룩한 갈망의 목소리다. 바로 이 순간, 우리는 하나님이 우리 삶과 교회 생활에서 행하시는 모든 일이 목적이 아니라 수단임을 깨닫는다. 하나님이 우리 안에서 행하신 놀라운 일들은 더 큰 목적을 이루기 위한 강력한 수단이다. 바로 이 순간, 구원받은 우리는 구원하는 사람이라는 거룩한 운명을 맞이하게 된다.

이는 아주 중요한 변화다. 그리스도로 인해 구원받은 우리가 그 구원이 그저 우리만 위한 것이 아니라 더 고상한 목적을 위한 것임을 깨닫는 순간 말이다. 사실 우리가 구원받은 것은 사랑하는 세상을 구원하시려는 그분의 계획 때문이다.

무엇을 위해 할 것인가?

그리스도인은 "무엇을 위해 할 것인가?"라는 질문에서 "이제 어떻게 할 것인가?"라는 질문에 대한 답을 찾을 수 있다.

우리는 어떤 목적을 위해 구원받고 구속받았는가? 다음 단계가 무엇인지 알기 위해서는 우리 영적 여정의 최종 목적지를 분명히 알아야 한다. 예를 들어, 우리의 구원과 구속, 그리스도 안에서의 성화가 최종 목표라면, "이제 어떻게 할 것인가?"라는 질문에 대한 답은 없다. "사랑의 블랙홀"에 온 걸 다시 한번 환영한다.

하지만 우리가 그에 만족할 순 없지 않은가?

마찬가지로, 절대로 떠나지 않을 여행을 위해 힘 빠지게 공들여 준비하는 것도 그리 만족스럽지 못하다. 1년 내내 연습장에서 구슬땀을 흘리고도 정작 경기에는 출전하지 않는다면, 근사한 저녁 식탁을 위해 장을 봐서 재료를 정성껏 준비해 놓고도 정작 요리는 하지 않는다면, 개인의 영성 개발이 전부라면, 절대 만족이 없을 것이다. 구원받은 것 자체가 최종 목적지가 아니기 때문이다. 우리의 구원은 하나님이 세상을 구원하시려는 계획을 실행하시기 위해 꼭 필요한 수단이다.

세상의 빛

성경에서 예수님은 제자들에게 개인의 사소한 열망을 넘어 위대한 소명을 붙잡으라고 끊임없이 요청하신다. 이 일은 제자들에게 언제나 버거웠지만, 예수님은 계속해서 제자들을 독려하신다. 유명한 다음 본문에서, 예수님은 제자들에게 평범하고 사소한 야망을 내려놓고 하나님이 의도하신 본연의 모습을 바라보라고 말씀하신다.

> 너희는 세상의 빛이라. 산 위에 있는 동네가 숨겨지지 못할 것이요. 사람이 등불을 켜서 말 아래에 두지 아니하고 등경 위에 두나니 이러므로 집 안 모든 사람에게 비치느니라. 이같이 너희 빛이 사람 앞에 비치게 하여 그들로 너희 착한 행실을 보고 하늘에 계신 너희 아버지께 영광을 돌리게 하라. (마 5:14-16)

"너희는 세상의 빛이라."

예수님은 우리가 세상의 빛이라고 말씀하신다. 바로 당신이 세상의 빛이다. 세상은 어둡고 위험하지만, 우주의 창조자는 그런 세상을 밝힐 계획을 갖고 계신다. 그리스도를 통해 우리가 그 계획이 되었다. 예수님은 어둠에서 구원받은 우리가 세상의 빛이 되어야 한다고 말씀하신다. 고린도후서에서 사도 바울이 이 주제를 언급하는 본문을 살펴보라.

> 예수님은 어둠에서 구원받은 우리가 세상의 빛이 되어야 한다고 말씀하신다.

> 그런즉 누구든지 그리스도 안에 있으면 새로운 피조물이라. 이전 것은 지나갔으니 보라 새 것이 되었도다. 모든 것이 하나님께로서 났으며 그가 그리스도로 말미암아 우리를 자기와 화목하게 하시고 또 우리에게 화목하게 하는 직분을 주셨으니 곧 하나님께서 그리스도 안

에 계시사 세상을 자기와 화목하게 하시며 그들의 죄를 그들에게 돌리지 아니하시고 화목하게 하는 말씀을 우리에게 부탁하셨느니라. 그러므로 우리가 그리스도를 대신하여 사신이 되어 하나님이 우리를 통하여 너희를 권면하시는 것같이 그리스도를 대신하여 간청하노니 너희는 하나님과 화목하라. (고후 5:17-20)

솔직히 말해서, 쉽게 받아들이기는 힘든 이야기다. 탁 터놓고 이야기하자면, 나는 이 세상의 빛이 되기보다 작은 세상을 비치는 작은 불빛이고 싶다. 교회의 기둥이나 동네 유명 인사 또는 언론에 오르내리는 "이 주의 인물"처럼 좀더 소박한 야망이라면 모르겠는데, 예수님은 너무 무리한 요구를 하시는 것 같다. 하나님은 우리가 그저 세상에서 구원받은 데 그치지 않고 그분과 함께 세상을 구원하는 사람이 되기를 바라신다.

C. S. 루이스가 『영광의 무게』(*The Weight of Glory*, 홍성사)에서 쓴 것처럼, 우리의 야망이 너무 커서 문제가 아니라 너무 작아서 문제다.

복음서가 당당하게 약속하는 보상, 그 엄청난 보상들을 생각하면, 우리 주님은 우리의 갈망이 너무 강하기는커녕 너무 약하다고 말씀하실 듯합니다. 우리는 무한한 기쁨을 준다고 해도 술과 섹스와 야망에만 집착하는 냉담한 피조물들입니다. 마치 바닷가에서 휴일을 보내자고 말해도 그게 무슨 뜻인지 상상하지 못해서 그저 빈민가 한구석에서 진흙 파이나 만들며 놀고 싶어 하는 철없는 아이와 같습니다. 우리는 너무 쉽게 만족합니다.

성경은 우리에게 세상을 구하라는 대담하고 영예로운 소명을 부여하는데, 왜 수많은 그리스도인은 위대하고 큰 부르심을 놓치고 사소한 데 만족하는 것일까?

거기에는 다음과 같은 세 가지 이유가 있다고 생각한다.

무지. 첫째, 많은 사람이 세상을 구해야 할 긴급한 필요성을 인식하지 못한다. 우리는 중산층 그리스도인의 삶에 너무 오랫동안 갇혀 있었던 나머지, 다른 사람들도 다 우리처럼 살 거라고 생각한다. 사람마다 힘든 일이 있게 마련이지만, 다들 우리와 비슷하게 살 거라고 생각한다. 자녀들을 안전하고 건강하게 키우고, 직장에서 승진하고, 마당을 청소하고, 휴가를 즐기고, 친구들과 수다를 떨면서 말이다. 실제로 서양의 많은 그리스도인은 전 세계에서 하루 동안 얼마나 끔찍한 일이 벌어지는지 알지 못한다. 참담한 영적 어둠과 굴욕과 절망 속에서 하루하루 살아가는 수천만 명의 삶이 어떤지 전혀 감을 잡지 못한다. 아픔, 배고픔, 모욕, 절망적인 가난, 고통스런 질병, 고문, 노예제도, 강간, 학대에서 구해 달라고 날마다 애걸하는 사람들이 얼마나 많은지 알지 못한다. 세계의 부유층이 모여 사는 미국의 풍족함과 고립은 많은 서양 그리스도인이 하나님의 부르심을 놓치고 있다는 증거다. 우리는 다른 사람들의 곤경에 무지해서 하나님이 요구하시는 위대한 구원자의 삶을 살지 못한다.

절망. 부족한 정보가 문제가 아닌 사람들도 있다. 이들은 세상 사람들의 필요를 몰라서가 아니라 너무 많이 알아서 문제다. 이들은 세상이 고난으로 가득하다는 사실을 너무나 잘 안다. 텔레비전 뉴스와 인터넷에 등장하는 사진들을 보고, 라디오와 친구들이 말해 주는 이야기와 통계를 듣는다. 그런데 이 모든 현실에 어떻게 대처해야 할지 몰라서 문제다.

문제가 무엇인지는 알지만, 절망감에 사로잡혀 아무것도 할 수가 없다. 동네 사람들에게 작은 선행 한두 가지는 얼마든 베풀 수 있겠지만, 도대체 무슨 수로 이 지옥 같은 세상을 구원할 수 있단 말인가. 그러니 "세상의 빛"이 되라는 예수님의 말씀을 읽을 때면 화장실 가는 길에 넘어지지 않도록 해 주고 아이들을 안심시켜 주는 아늑한 조명을 떠올리는 게 당연하다. 예수님이 원하시는 건 이 세상에 만연한 악과 깊은 어둠의 세력에 당당하게 맞서 싸울 광선검인데 말이다. 그렇게 해서 우리는 구원을 갈구하는 세상에서 하나님이 주신 큰 소명을 놓쳐 버린 채 '적당하고' 소박한 목표에 안주한다. 끔찍한 광경을 지켜보면서 속수무책으로 앉아 있느니 차라리 신경을 꺼 버리는 편이 낫다고 생각하는 사람도 생긴다. 게다가 지금 우리가 사는 곳에도 시급한 일이 얼마든지 많지 않은가.

그 결과, 이 세상(과 하나님)이 소망과 사랑, 섬김과 구원을 가져올 하나님의 사람들을 신음하며 기다리는 동안, 서양의 수많은 그리스도인은 영예로운 구원 사역이라는 본분을 놓치고 만다. 긴급한 세상의 필요에 무지하거나, 절망적인 상태에 어찌할 바를 몰라서 말이다.

두려움. 하지만 이 두 가지만으로는 이렇게 많은 사람이 마음속으로 간절히 바라는 부르심을 놓치는 이유를 충분히 설명하지 못하는 것 같다. 도대체 왜 우리는 원치도 않는 곳에 갇혀서 벗어나지 못하는 것일까? 거기에는 더 근본적이고 심각한 걸림돌이 자리잡고 있는데, 그것이 바로 세 번째로 언급할 두려움의 문제다.

끔찍한 고통이 만연한 이 세상의 현실은 무섭다. 우리가 두려워하는 것도 당연하다. 사실 우리는 인간의 고통과 필요에 대해 많이 알고 있다. 우리가 가진 지식이 부족하다고 볼 수도 있지만, 세상의 수많은 사람이 크게 고통받고 있다는 사실을 누가 모르겠는가? 또 솔직히 말해서, 우리가 세상을 바꿀 수 있다는 사실도 **알고 있다**. 물론 전 세계 모든 문제를 해결할 수는 없다. 하지만 세상에는 중요하고 의미 있는 변화를 불러일으킨 사람들이 있고, 이론상으로 우리도 그렇게 되지 말란 법은 없다. 그렇게 문제의 핵심을 파고들어 가면, 대부분의 문제는 바로 두려움이다. 우리는 두려워한다. 두려워하는 것이 수없이 많다. 사실 두려운 게 **이미** 너무 많아서 세상을 구원하려는 시도조차 하지 않는다.

어두컴컴한 세상 한가운데 빛이 되라는 하나님의 부르심에 응답하여 예수님의 세상 구원 계획에 동참하려면, 아, 솔직히 얼마나 겁이 나는지 모른다. 말만 들어도 부담스럽고 무섭고 기운이 빠지면서 위험을 느끼기까지 한다. 더군다나, 그분의 구체적인 계획은 알려진 바가 없고 통제 불가능하다. 우리가 대학에 진학하고, 좋은 동네의 근사한 집을 사고, 차에 타면 아이들에게 안전벨트를 착용하게 하고, 밤에 잘 때 문단속을 하는 이유는 따로 있다. 이 모두는 어떻게든 어두운 세상을 **벗어나려고** 안간힘을 쓰는 모습이다. 그런데 그리로 걸어 들어가라니!

사면초가

자, 이제 우리는 이러지도 저러지도 못하는 상황이다. 좀더 중요한 일에 인생을 걸겠다는 근원적인 갈망을 지우기는 힘들 것 같다. 인간은 자신의 인생이 하나님의 구속 사역에서 중요한 역할을 감당하기를 간절히 바라는데, 이는 하나님이 우리를 그렇게 지으셨기 때문이다. 다른 아무것도 이 공허감을 채울 수 없다. (이미 시도해 보지 않았는가.) 다른 한편, 이런 모험이 도대체 어떤 결과를 가져올지 모르니 불안하기만 하다. 그래서 머리로는 예수님이 인도하시는 곳으로 가겠다고 동의하지만 정작 발은 떼지 못한다. 무언가를 너무나 간절히 바라지만, 그것을 손에 넣기 위한 노력은 미미하다.

어떻게 하면 용감하고 사랑하며 의미 있는 인생을 살 수 있을까? 또, 다른 사람들을 그 길로 인도할 수 있을까? 사람은 누구나 용기를 발휘하는 때가 있다. 필요한 경우에는 다 대담해진다. 문제는, 어떻게 하면 좀더 용기 있는 삶을 살 수 있느냐는 것이다. 어떻게 해야 꾸준히 용감한 삶을 실천하여 용기 있는 사람이 될 수 있을까?

그러려면 우리는 무엇을 해야 할까? 예수님은 우리에게 그 길을 간절히 보여 주기 원하신다. 나는 예수님이 이 세대에 용기 있는 삶으로 향하는 신선하고 강력한 길을 보여 주고 계시다고 믿는다. 다음 장에서는 그 놀라운 길을 함께 살펴볼 것이다.

3장
용기로 이끄는 놀라운 길

사람들이 달라지는 모습을 보면, 제가 하는 일이 더 이상 두렵지 않습니다. 그 일에 어떤 위험이 따르는지 알더라도 말입니다.

―

현명하고 거룩한 사람들이 하나님의 길에 대해 발견한 한 가지 사실이 있다. 그 길에 무엇이 펼쳐질지는 우리가 좀처럼 선택할 수 없다는 것이다. 하나님은 우리가 그 길을 갈지 말지 선택할 수 있는 기회를 허락하시지만, 그 길의 주인이자 창조자는 엄연히 우리가 아니라 하나님이다.

과연 그렇다. 나는 내가 어디 있는지, 길을 개척한다면 어디로 가고 싶은지, 어떻게 거기 갈 수 있는지 제대로 알지 못한다. 사실 길이란 게 원래 그렇다. 자기 힘으로는 도저히 목적지에 이를 수 없는 사람들에게 새로운 장소에 도달하도록 이끌어 주는 것이 길이다. 그러므로 길은 큰 축복이다. 물론, 목적지에 도착하기 전에는 그것을 선물로 받아들이기가 쉽지 않다. 인생에서 우리를 가장 놀라운 변화로 이끄는 최고의 길은 대개 갑작스레 찾아오는 경우가 많다.

요약하자면, 아직 변화받지 못한 사람들은 자기 스스로 변화로 이끄는 길을 만들어 낼 수 없다. 그 길을 닦을 능력이 있으신 창조주만이 자신이 만드신 길을 은혜로 비춰 주신다. 우리가 할 일은 그 길을 걷는 것이다.

용기로 가는 길

나는 이 시대의 수많은 그리스도인이 용기로 향하는 길을 걷고 싶어 한다고 믿는다. 그들은 사소하고 하찮은 일들에서 벗어나 믿음의 최전선에서 하나님의 열정과 능력을 경험하기 원한다. 하나님은 그리스도인들의 그런 갈망에 매우 구체적인 답을 갖고 계시며, 그들이 그곳에 도달할 수 있는 구체적인 길도 보여 주신다. 하나님은 두려움과 하찮은 일에서 벗어나 **이 세상의 정의를 위해 싸우는 길을 걷도록** 자기 백성들을 부르고 계신다.

> 인생에서 우리를 가장 놀라운 변화로 이끄는 최고의 길은 대개 갑작스레 찾아오는 경우가 많다.

더 놀라운 사실은, 하나님이 모든 백성을 그 일로 부르신다는 것이다. 이 부르심은 사회 정의에 헌신한 소수의 열성 신자나 사회 문제를 옹호하는 약간 특이한 사람들만을 위한 것이 아니다. 많은 교회가 교회 내 소수의 정의 운동가들로 사역 부서를 꾸려 남들에게 해를 끼치지 않고 얌전히 '자기 일'만 할 수 있도록 하는데, 이는 변화를 위한 하나님의 부르심을 놓치는 것이다. 이렇게 해서 나머지 회중에게 효과적인 예방 접종을 마친 다음, 모든 사람을 평온한 그리스도인의 일상으로 인도할 수 있다.

반대로, 영적으로 건강하고 활발한 교회는 신앙 공동체에 속한 모든 사람이 하나님이 중요하게 생각하시는 일을 할 수 있도록 훈련하는 법을 터득한다. 복음 전도를 열한 사람의 '복음 전도 위원회'가, 긍휼을 '자비 사역 부서들'이 독점하는 것은 있을 수 없는 일이다. 믿음을 나누고 사람을 돌보는 일은 그리스도를 따르려는 모든 사람의 삶에서 가장 근본적인 부르심이다. 건강한 교회는 모든 교인이 각자의 믿음을 나누고 궁핍한 사람들을 사랑하도록 훈련시킨다. 마찬가지로 정의 사역은 제자도의 기본이며, **모든** 그리스도인에게 근본적인 일이다. 예수님은 "정의와 자비와 신의와 같은 율법의 더 중요한 요소들"을 "소홀히 [한]"(마 23:23, 새번역) 당시의 교회 지도자들을 엄하게 꾸짖으셨다. 여기서 예수님은 구약 성경이 우리에게 요구한 "정의를 행하며 인자를 사랑하며 겸손하게 네 하나님과 함께 행하는 것"(미 6:8)을 다시 한번 되풀이하신 셈이다. 두 본문 모두에서 **정의가** 가장 먼저 등장한다.

그러므로 하나님이 특별히 정의 사역을 통해 우리를 하찮고 사소한 두려움의 세계에서 해방시키신다는 사실에 결코 놀라서는 안 된다.

시대마다 하나님은 자신의 백성을 구원하시는 특별한 방법, 즉 우상숭배와 냉랭한 마음, 미지근한 마음과 기쁨이 사라진 마음, 두려움에서 벗어나는 길을 허락하셨다. 초기 교회는 국가의 박해로 시힘을 당했다. 중세 시대 예수님의 제자들은 개혁을 위해 싸웠다. 산업 혁명기의 서양 그리스도인들은 급속한 사회 변화에 따른 불공평과 병리에 맞섰다. 19세기 후반과 20세기 초반의 그리스도인들은 범세계적인 선교 운동이라는 새로운 기회를 맞이했다. 20세기 후반에는 그리스도의 사랑을 가난한 개발도상국에 전해야 하는 도전이 있었다.

각각의 시기에 하나님은 길을 여셔서 지극히 평범하지만 진정한 그리스도의 제자들이 숨 막히는 두려움과 종교의 부패에서 탈출할 수 있게 하셨다. 구원자이신 예수 그리스도께서 이 땅에서 행하시는 영광스러운 능력 가운데 살 수 있도록 인도하셨다. 오늘날에도 많은 그리스도인이 그런 구원에 갈급하며, 하나님은 그 구원에 이르는 아주 특별한 길을 보여 주신다. 이사야 58장에서 하나님은 그 길을 따르는 사람들에게 주시는 강력한 비전을 펼쳐 보이신다.

> 그리하면 네 빛이 새벽같이 비칠 것이며
>   네 치유가 급속할 것이며
>   네 공의가 네 앞에 행하고
>   여호와의 영광이 네 뒤에 호위하리니.
> 네가 부를 때에는 나 여호와가 응답하겠고
>   네가 부르짖을 때에는 내가 여기 있다 하리라.…
>
> 여호와가 너를 항상 인도하여
>   메마른 곳에서도 네 영혼을 만족하게 하며

네 뼈를 견고하게 하리니

너는 물 댄 동산 같겠고

물이 끊어지지 아니하는 샘 같을 것이라.

네게서 날 자들이 오래 황폐된 곳들을 다시 세울 것이며

너는 역대의 파괴된 기초를 쌓으리니

너를 일컬어 무너진 데를 보수하는 자라 할 것이며

길을 수축하여 거할 곳이 되게 하는 자라 하리라. (사 58:8-9, 11-12)

그러면 도대체 어떤 사람들에게 이런 영적 강건함과 중요성이 주어지는가? 바로 이런 사람들이다.

흉악의 결박을 풀어 주며

멍에의 줄을 끌러 주며

압제당하는 자를 자유하게 하며

모든 멍에를 꺾는 것이 아니겠느냐. (6절)

하나님은 이 세상에서 자신과 함께 정의 사역을 감당하는 이들에게 자신의 임재와 능력을 부어 주시겠다고 성경을 통해 반복해서 약속하신다. 정의 사역은 불의에 **희생당한 사람들을** 구하고 그들에게 큰 기쁨을 안겨 주지만, 하나님은 정의 사역이 그 **사역을 감당하는 사람들에게도** 유익을 끼친다는 사실을 강조하신다. 정의 사역은 **힘없는** 사람들을 구할 뿐 아니라 **힘 있는** 사람들도 구하는 수단이

다. 정의 사역이 없었다면 힘 있는 사람들은 하찮고 두려움이 가득한 세상에 자기 힘을 낭비하고 말았을 것이다.

> 하나님은 이 세상에서 자신과 함께 정의 사역을 감당하는 이들에게 자신의 임재와 능력을 부어 주시겠다고 성경을 통해 반복해서 약속하신다.

정의를 행하라는 새로운 부르심

하나님은 모든 시대를 살아가는 자신의 백성을 정의 사역으로 부르셨지만, 특별히 이 시대의 그리스도인들을 위한 정의 사역을 준비하셨다. 이는 우리를 두려움에서 구원하시기 위해서다. 지난 150년 동안 하나님이 서양 교회를 이처럼 강력한 정의 사역으로 부르신 적이 없었다. 사실, 존 스토트(John Stott)에서 릭 워렌(Rick Warren), 교황 베네딕토 16세에서 보노(Bono)에 이르기까지, 오늘날 수많은 다양한 그리스도인들의 예언적 목소리에 정의를 위해 투쟁하라는 하나님의 간곡한 호소가 엿보인다.

미국의 수많은 남성 그리스도인을 제자의 삶으로 이끈 한 유명 미식축구 감독도 정의에 대한 부르심이야말로 미국 교회에 진정한 생명과 능력을 가져다줄 것이라고 믿는다. 바로 빌 매카트니(Bill McCartney)로, 그는 『사각지대』(*Blind Spots*)라는 책에서 교회가 늘 수비만 하다가 약해진 경위를 이야기한다. 즉 개인 경건과 의로운 삶에만 힘쓴 것이다. 매카트니 감독은 교회가 공격을 잘해야 한다고 조언한다. "교회의 공격이란, 성경이 명하는 대로 정의를 행하는 것을 말한다." 그는 계속해서 이렇게 말한다.

우리가 좀더 효과적으로 정의를 가르치고 사람들에게서 그것을 끌어낼 수 있다면, 공격력을 한층 강화할 수 있으리라 믿는다. 그렇게 하면 잃어버린 자들을 훨씬 더 많이 얻을 수 있을 것이다. 우리가 오늘날 교회에서 정의를 행한다면, 예수 그리스도를 위해 우리 문화를 완전히 뒤엎을 수 있을 것이다. 가짜 종교인들을 의심의 눈초리로 바라보는 세상에서 전진하려면 아주 강력한 정의의 공격력이 필요하다.

의로움을 훼손하지 않고 정의를 행하는 것은 혼수상태에 빠진 성도들에게 생명을 불어넣는 효과적인 방법이다. 의로움을 훼손하지 않고 정의를 행하는 것은 우리 자녀들이 열심히 예수님을 따를 수 있게 하는 효과적인 방법이다.

우리 교회 성도들이 정의를 행하는 방법을 터득한다고 상상해 보라. 성도들이 강력한 공격력을 맛볼 때 무슨 일이 벌어질지 상상해 보라. 그들은 확실히 살아날 것이다.

얼마나 놀라운가. 대다수가 중산층에다 사회적으로 보수적인 그리스도인 남성들을 이끄는 스포츠의 유명 지도자가 맥 빠지고 침체되어 제 기능을 못하는 혼수상태 기독교에서 벗어나는 돌파구로 정의를 위한 투쟁을 지목하다니 말이다. 사람들의 직관이나 기대에 어긋나는 의외의 일이다. 이 모두는 변화를 요구하시는 하나님의 방법이 의외성을 띤다는 사실을 다시 한번 지적해 준다.

나는 내 인생의 변화에 대한 나름의 비전을 가지고 있지만, 하나님의 생각은 내 생각과 다를 때가 많다. 나이가 들고 지혜로워지면서 하나님의 길을 금세 파악하고 따를 수 있으면 좋으련만, 인간은 자신이 가려는 곳에 이르는 길을 개척하는 데 너무나 서투르기 때문이다.

막다른 골목

막다른 골목을 예로 들어 보자. 나는 서양의 수많은 그리스도인이 봉착한 중산층의 단조롭고 시시한 삶을 막다른 골목에 빗대어 이야기하곤 한다. 막다른 골목이란 미국 교외 지역 주택 건축의 특징으로, 차량 교통사고에 대한 집주인의 고민을 덜기 위해 고안되었다. 길을 막아 놓으면 차량이 고속 질주하는 위험한 상황을 예방할 수 있으니 길거리에서 뛰어노는 아이들의 안전일랑 걱정하지 않아도 될 것이라는 생각에 막다른 골목을 만들었다. 그런데 최근 연구 결과를 보면, 막다른 골목은 아이들에게 가장 위험한 환경이었다. 우리의 예상과 달리 아이들은 질주하는 차량이 아니라 서서히 후진하는 차량에 부상을 입는 경우가 많은데, 막다른 골목에서는 흔히 차량이 후진을 하게 된다. 그래서 이제는 아이들을 보호하는 차원에서 막다른 골목을 못 만들게 하는 도시가 많아지고 있다.

열성적인 중산층 부모들은 자녀들을 안전하게 보호할 방법을 잘 안다고 생각했지만, 그것은 큰 오산이었다. 마찬가지로 서양의 많은 그리스도인과 교회는 위험한 세상에서 안전지대를 찾아 막다른 골목으로 향했지만, 그곳에서 영혼에 치명적인 영향을 미치는 영적 위축과 뜨뜻미지근하고 따분한 영성을 발견했을 뿐이다. 하지만 감사하게도, 예수님은 우리를 더 좋은 길로 인도해 주신다. 그 길은 우리가 예상했던 길이 아니다. 수천 년 전 성경에 등장했던 그 길을 이후 수많은 그리스도인 순례자들이 거쳐 갔다. 그 길은 이 세대를 위협하는 두려움과 사소함의 아주 구체적인 위험에서 우리를 구해 주며, 이 세상에서 고통받는 수많은 사람을 생명으로 이끌어 줄 길이다. 하나님은 우리에게 이렇게 명하신다.

> 정의를 구하며
>   학대받는 자를 도와주며
> 고아를 위하여 신원하며
>   과부를 위하여 변호하라. (사 1:17)

이것이 바로 우리가 오늘 붙잡아야 할 소명이다.

정의를 위해 싸우라

이 정의의 길이라는 개념이 많은 이에게 낯설기 때문에, 정의를 위한 투쟁이 무엇인지 기초적인 질문을 몇 가지 던져야 할 것 같다. 우선, 정의란 무엇인가?

로스쿨에서 "모호하기 때문에 무효한" 법이 있다고 배웠다. 너무 모호해서 파악하기 힘든 법은 지킬 필요가 없다는, 매우 합리적인 이야기다. 다시 말하자면, '상식을 지닌 사람이 어떤 법 조항을 적용하기 위해 굳이 의미를 추론하고 구별해야' 한다면 그 조항은 무효로 해석될 수 있다는 것이다. 예를 들어, 내가 "적정 운전"이라는 도로 표지를 위반해서 법정에 소환되었다면, "적정 운전"이라는 규정의 준수 여부를 가리기가 모호하다고 반론을 제기할 수 있을 것이다. "적정 운전"을 하고 싶어도, 그게 구체적으로 무엇을 말하는지 알 도리가 없기 때문이다.

이와 비슷하게, 정의를 행하라는 성경의 명령도 "모호하기 때문에 무효"하다고 보일 수 있어, 구체화할 필요가 있다는 생각이 든다. "정의를 행하라"는 하나님의 명령에 순종하고 싶어도, 그게 정확히 무슨 뜻인지 알 수가 없다. 사람들을 공평하고 예의 바르게 대하라는 뜻인 것 같긴 한데, 이 정도로는 별 도움이 되지 않는다. (크고 작은) 불의가 만연한 세상에서 하나님이 우리를 어디로 부르시는지 방향을 잡으려면 좀더 구체적인 정의가 필요하다. 더군다나 이 세상의 온갖 복잡한 사회적·경제적·정치적 문제들은 '정의'에 반대되는 주장을 하는 것 같다. 하나님이 우리를 사소한 문제와 두려움에서 건져내서서 정의를 위한 투쟁에 동참케 하신다는 사실은 생각만으로도 가슴 벅차지만, 도대체 그게 무슨 뜻인지, 어떻게 하면 그렇게 할 수 있는지 감을 잡을 수 없어 금세 절망하고 만다.

예수님은 분명한 말씀으로 이 혼란에서 우리를 구해 주신다. 성경에는 정의에 대한 가르침이 헤아릴 수 없을 정도로 많지만, 우리가 이해하기에 충분할 정도로 실제적인 내용을 제시해 준다. 우선, 성경은 '불의'라는 구체적인 죄를 제시함으로써 우리가 정의에 대해 분명한 안목을 갖도록 도와준다. 다시 말해서, 세계 어디서나 통할 법한 '완벽한 결혼 생활'에 대한 정의를 끌어내기는 어렵겠지만, 간통이 뭔지 모르는 사람은 없을 것이다. 비슷한 방식으로, 모든 상황에서 모든 사람에게 적용할 수 있는 '정의'를 완벽하게 정의하기란 불가능에 가깝지만, 불의라는 구체적인 죄가 무엇인지, 거기에 어떻게 대처해야 하는지는 비교적 명확하다.

성경은 불의의 죄를 권력 남용으로 정의한다. 하나님이 사람들에게 의도하신 선한 것들, 예를 들어, 그들의 생명, 자유, 존엄성, 그들의 사랑이나 노동의 열매를 빼앗는 것을 가리킨다. 달리 말하면, 강자가 자신의 권력을 남용하여 약자에게서 하나님이 허락하신 것을 빼앗는 행위를 말한다. 하나님은 이것을 죄라고 말씀하신다. 하나님은 사랑하는 자녀들에게 어떤 것을 허락하셨는가? 그분은 생명과 자유, 존엄성 그리고 그 사람의 사랑과 노동에서 비롯된 소출을 허락하셨다. 따라서 힘 있는 사람이 그런 좋은 것들을 빼앗아 권력을 남용하면 불의의 죄를 저지르는 셈이다. 성경 이야기에는 다음과 같은 불의의 죄가 등장한다.

- 가인은 살인으로 아벨의 생명을 빼앗았다.
- 이집트 사람들은 히브리 사람들을 강제로 노예 삼아 그들의 자유와 존엄성, 행복을 빼앗았다.
- 다윗왕은 우리아의 아내를 빼앗고, 그의 생명도 빼앗았다.
- 암논은 다말을 겁탈하여 그녀의 존엄성과 행복, 온전한 인격을 빼앗았다.
- 헤롯왕은 새로 탄생한 '유대인의 왕'을 제거하기 위해 베들레헴 지역에 있는 2세 이하의 남아를 모두 죽이라는 명령을 내려 아이들의 생명을 빼앗았다.

- 예루살렘의 종교 지도자들은 자신의 권력을 남용해 스데반과 다른 신자들의 생명을 빼앗았다.

이 이야기(를 비롯한 성경의 수많은 이야기)들에서 강자는 약자를 학대하고, 하나님이 그들에게 허락하신 좋은 선물들을 약탈한다. 그래서 성경도 "가난한 사람을 학대하는 자는 그를 지으신 이를 멸시하는 자요"(잠 14:31)라고 말한다. 이 각각의 이야기에서 약자는 우발적인 불의나 천재지변 때문에, 혹은 운이 나빴기 때문에 고통받는 것이 아니다. 이들의 고통은 다분히 의도적인 강자들의 학대와 압제에서 비롯된다. 이것이 바로 **불의**다. 하나님은 이 구체적인 죄악의 본질을 우리에게 분명히 알려 주고자 하신다.

우리는 이 같은 불의에 어떻게 반응해야 하는가? 하나님은 불의로 고통받는 사람들을 사랑하라고 구체적으로 말씀하신다. 예수님도, 우리가 학대를 당하는 상황에 있었다면 바랐을 것을 그들에게 똑같이 해 주라고 말씀하신다. 히브리서 13:3은 그 점을 분명히 한다. "너희도 함께 갇힌 것같이 갇힌 자를 생각하고 너희도 몸을 가졌은즉 학대받는 자를 생각하라." 불의에 대한 성경적인 반응은 "정의를 구하며 학대받는 자를 도와주며 고아를 위하여 신원하며 과부를 위하여 변호하는" 것이다.

그리스도의 몸을 동원하라

IJM의 사역 목표는 분명하다. 그리스도의 몸을 격려하고 동원하여 불의로 고통받는 사람들을 사랑하도록 돕는 것이다. 당신도 예상하다시피, 이 일에는 위험이 따른다. 현장에서 뛰는 동료들 중에는 살해 위협과 피습을 받은 사람들도 많다. 잔혹한 공격을 받고 얼굴에 주먹질을 당하고 칼로 위협당하는가 하면 폭도에게 납치당하고 매를 맞고 공격당하는 사람들도 있다.

이런 무시무시한 신변의 위협을 받으면서까지 IJM이 그리스도인들에게 요청하는 것이 도대체 무엇인지 사람들이 궁금해하는 것도 당연하다. 그것이 이렇게 목숨을 걸 정도로 중요한 문제인가? 그렇다. 우리가 그리스도의 몸인 그리스도인들에게 환기시키는 문제는 매우 독특하고 중요한데, 그것은 바로 **인간의 폭력**이다.

이 세상의 가난한 사람들은 흔히 알려진 여러 가지 문제로 고통을 받는다. 배고프고, 집이 없고, 글을 모르고, 몸이 아파 고통받는다. 그래서 세계 곳곳에서 선의의 사람들이 다양한 형태로 도움을 준다. 음식과 거처, 교육과 의약품을 지원하는 것이다.

그러나 이런 고통의 근저에는 전혀 다른 종류의 문제가 자리하고 있다. 사람들에게 덜 알려진 이 문제는 다름 아닌 폭력이다. 과부의 자녀들이 배를 곯는 것은 과부가 폭력배들에게 땅을 빼앗겨 더 이상 농사를 지을 수 없기 때문이다. 거리의 아이들이 집 없이 방황하는 것은 가정에서 발생하는 성적 학대 때문에 집에서 살 수가 없기 때문이다. 글을 모르는 어린아이는 벽돌 공

> 우리는 그리스도인들이 폭력이라는 독특한 문제를 해결하도록 촉구한다. 이 폭력이야말로 가난한 사람들이 겪는 수많은 문제의 배후에 자리잡은 근본적인 문제다.

장에서 노예로 일하느라 학교에 가지 못해 아직까지 글을 깨치지 못했다. 사창가에 끌려가 강제로 몸을 파는 사이 에이즈에 걸린 십대 소녀도 있다.

이런 경우에는 음식이나 거처, 교육이나 의약품만 제공해서는 이들이 당하는 고통의 근본 원인을 처리하기 힘들다. 이런 것들로는 그들의 필요를 채워 줄 수가 없다. 우리가 가난한 이들에게 온갖 물품과 봉사를 제공하더라도, 그것을 앗아 가는 사람들을 제지하지 못한다면, 장기적으로는 만족스러운 결과를 얻지 못할 것이다. 록 스타 보노가 아프리카에서 빈민 사역을 하면서 깨달았던 것처럼, 가난한 사람을 돕는 것은 "구제의 문제가 아니라 정의의 문제"다.

IJM이 교회에 요청하는 내용은 이 부분에서 매우 독특하다. 우리는 그리스도인들이 폭력이라는 독특한 문제를 해결하도록 촉구한다. 이 폭력이야말로 가난한 사람들이 겪는 수많은 문제의 **배후에** 자리 잡은 근본적인 문제이기 때문이다. 가난한 사람들은 이 폭력 때문에 가난에서 쉽사리 벗어나지 못한다.

전 세계적인 가난과 기아, 노숙자 문제, 교육과 의료 문제는 틀림없이 인류가 긴급히 해결해야 할 중요한 문제다. 하지만 이런 문제들에 대한 전통적인 해결책은 폭력이라는 근본적인 문제를 해결하지 못한다.

폭력은 전혀 다른 차원의 문제다. 폭력은 의도적이며, 위험하고, 깊은 상처를 남긴다. 그렇기 때문에 그리스도인들도 전혀 다른 차원으로 폭력에 대처해야 한다.

IJM 사역을 하면서 깨달은 가장 중요한 사실이 있다면, 얼마든지 폭력을 멈추게 할 수 있다는 것이다. 하지만 폭력을 멈추게 하려면 행동 전략을 달리해야 한다. 내 말이 무슨 뜻인지 좀더 설명해 보겠다.

어째서 폭력은 다른 차원의 문제인가

어떤 문제를 해결하기 위해서는 먼저 그 문제를 파악해야 한다. 폭력을 파악하기 위해서는 그리스도인들도 폭력을 외면하지 않아야 한다. 오히려 그 문제에 **뛰어들어야** 한다. 폭력에 가까이 다가가면 왜 그것이 가난한 사람들이 겪는 다른 문제와 근본적으로 다른지 알 수 있다.

가장 먼저 발견하는 것은 폭력이 의도적이라는 사실이다. 예를 들어, 성매매는 전 세계 수많은 가난한 여성들에게 영향을 미치는 가장 잔인한 형태의 폭력이라고 할 수 있다. 대도시나 다른 나라에서 좋은 직업을 알선해 주겠다는 유혹에 넘어가 고향을 떠난 수많은 여성이 매춘을 강요받고, 사창가와 술집의 밀실에서 악몽 같은 성폭력에 끊임없이 시달린다.

그리스도인들은 이런 추악한 현실을 외면하지 말고 오히려 그런 현장을 찾아 나서야 한다. IJM에서 하는 일이 바로 그런 일이다. 매일 밤 세계 어디에선가는 IJM 비밀 요원이 음습하고 폭력적인 성매매 현장에 잠입한다. 어둠 속으로 사라져 버린 여성과 아이들을 구출하기 위해서다. 이 여성들과 어린 소녀들은 사람들의 눈과 마음에서 잊힌 채 홀로 고통받고 있다. 누군가 찾아가 이들을 구해야 한다. 조금은 색다른 이 일이 바로 나의 IJM 동료들이 하는 일이다.

피해자를 찾고 나면, 우리는 그들의 고통이 우연이 아니라는 사실을 알게 된다. 그들은 불운 때문에, 심각한 폭풍우나 흉작 때문에, 혹은 박테리아 때문에 고통받는 것이 아니다. 폭력을 휘두르는 사람들이 그들에게 고통을 주려고 작정했기 때문에 고통받는 것이다. 폭력은 의도된 것이다.

아마 그중에서도 의도성이 가장 농후한 사람들은 성매매를 위해 개발도상국을 찾아다니는 사람들일 것이다. IJM이 캄보디아에서 찾아낸 섹스 관광객과 소아성애자들처럼 말이다. 그들은 멀리 떨어진 가난한 국가로 장거리 여행을 떠나 그곳에서 성매매 사업을 벌이고 후원했다. 이들은 가난하고 연약한 어린아이들을 짐승 취급하며 폭력을 휘둘렀다. 오랫동안 생각하고 계획한 것이 틀림없다. 그들은 의도적으로 이 피해자들에게 상처를 주었다. 그러면서도 피해자들이 가난하기 때문에, 자기 마음대로 해도 아무 문제가 없을 거라고 생각한다. 이는 매우 다른 종류의 문제로, 다른 종류의 접근법이 필요하다.

폭력이 가난한 사람들에게 영향을 미치는 다른 문제들과 구별되는 또 다른 이유는 사람들이 폭력을 두려워하기 때문이다. 배가 고프거나 집이 없거나 글을 모르는 문제와 달리, 폭력을 해결하려고 덤벼들면 반격이 만만치 않다.

우리는 IJM의 노예 해방 사역에서 그 점을 똑똑히 확인했다. 믿기 어렵겠지만, 개발도상국에는 평생 노예로 살다가 죽는 사람들이 수없이 많다. 일종의 비유로서의 노예가 아니라 진짜 노예들이 있다. 전문가들에 따르면, 그런 노예 인구는 4,000만 명이나 된다(2020년 기준). 나와 동료들은 그런 노예들을 수천 명도 넘게 만났다.

그중에는 다섯 살짜리 데비처럼 아주 어린 아이도 있다. 데비는 동남아시아에 있는 어느 정미소에서 노예로 일했다. IJM 동료 중 하나가 비밀 노예 조직에 잠입해서 데비를 포함해 30명이 넘는 노예들을 구출하는 데 성공했다. 그들은 주인의 협박이 무서워 콘크리트 정미소 건물 안에서 일주일 내내 노역에 시달렸다. 정부가 발급한 데비의 노예 해방 문건은 데비가 "생명에 위협을 느끼면서 강제로 일했다"는 사실을 증명해 준다.

데비도 우연이나 불운 때문에 노예가 된 게 아니었다. 노예 소유주들은 계획적으로 폭력을 사용하고 데비와 그 가족들을 노예로 붙잡았다. 이들은 반격도 서슴지 않았다. 실제로 IJM 동료들은 노예 구출 작전 중에 노예 소유주들이 고용한 폭도들의 공격을 받기도 했다. 폭도들이 던진 벽돌과 돌에 차량이 심하게 파손되었지만 간신히 목숨은 건졌다. 최근에는 또 다른 정미소의 노예 구출 작전을 계획 중이던 비밀 요원 두 사람이 노예 소유주와 그들이 고용한 폭력배에게 붙잡힌 일도 있었다. 그들은 지바이와 피터를 심하게 때리고 발길질을 하며 협박한 다음, 철로에 내동댕이쳤다. 하나님의 은혜와 IJM 정보원의 개입으로 두 사람은 별 탈 없이 탈출할 수 있었다. 폭력은 본질상 반격하기 마련이다. 그래서 사람들은 폭력을 두려워하고, 폭력에 시달리는 가난한 이들은 홀로 싸울 수밖에 없다.

마지막으로, 폭력이 다른 문제와 근본적으로 다른 까닭은 폭력이 심각한 상처를 남기기 때문이다. 눈에 보이는 상처가 아문 후에도, 폭력과 배신감, 수치심은 쉽게 사라지지 않는다. 사람들은 이처럼 눈에 보이지 않는 폭력의 상처를 잘 찾아내지 못한다. 하지만 사람들의 조롱과 굴욕감을 견디며 물고문을 당해 본 사람이라면, 내 말을 금방 이해할 것이다. 욕조에서 빠져나온 당신 몸에서 상처나 고문의 흔적을 찾아보기는 힘들겠지만, 그날 이후 평생토록 수돗물의 염소 냄새만 맡아도 당신은 수치심을 느낄 것이다.

배신감, 수치심, 굴욕 같은 독특한 상처 때문에 폭력은 다른 문제와 차원이 다르다. 그래서 사건이 발생한 이후에 증상만 처치하는 것으로는 부족하고, 문제가 발생하기 전에 폭력을 근절해야 한다.

> 폭력은 의도적이고, 무서우며, 깊은 상처를 남기지만, 얼마든지 근절할 수 있다.

하지만 기쁜 소식은, 얼마든지 폭력을 멈추게 할 수 있다는 것이다. 폭력은 의도적이고, 무서우며, 깊은 상처를 남기지만, 얼마든지 근절할 수 있다. 우리는 그 사실을 직접 목격했다.

폭력의 비밀

10년 동안 가난한 사람들이 당하는 폭력에 맞서 싸우면서 우리는 몇 가지 비밀을 터득했다. 가난한 사람들을 압박하는 폭력은 대부분 가해자의 어마어마한 권력 때문이 아니라 피해자의 취약함 때문이었다. 가난한 사람들에게 강력하고 꾸준한 후원자가 있다면 그들을 괴롭히는 사람들은 곧 사라질 것이다.

왜 그럴까?

자, 이것이 바로 **첫째 비밀**이다. 가난한 사람들을 등쳐먹는 사람들은 결코 용감하지 않다. 그 사람들은 자기 마음대로 할 수 있다고 생각하는 때에만 가난한 사람들을 괴롭힌다. 캄보디아에서는 아무도 자신들을 막을 수 없다고 생각하기 때문에 멀리 그곳까지 찾아가 어린아이들을 학대하는 것이다.

이에 맞서 IJM은 다른 그리스도인들과 캄보디아 정부와 협력하여 캄보디아를 비롯한 많은 나라의 힘없는 아이들에게 강력한 후원자들을 붙여 주고 있다. 10여 개국에서 IJM은 성매매에 관여한 사람들을 붙잡아 그들이 감옥에 들어갈 때까지 철저히 업무를 수행한다. 그들 중 대다수는 교도소에서 징역을 살거나 소송 대기 중이다. 어느 경우가 되었건, 그들은 더 이상 가난하고 연약한 캄보디아 어린이들에게 해를 끼치지 못한다. 한 걸음 더 나아가, IJM은 캄보디아 정부가 스스로 이런 기능을 수행할 수 있도록 훈련시켜 왔고, 캄보디아 정부는 실제로 그렇게 하고 있다. 또 캄보디아가 외국인 섹스 관광객과 소아성애자들의 천국이라는 오명을 씻을 수 있도록 돕고 있다. 이런 식으로 그리스도인들은 공포의 등식을 변화시키고 있다. 이제 아이들의 공포는 줄어들고, 오히려 성매매자들의 공포가 늘어난다. 오늘날 캄보디아는 아이들에게 한층 더 안전한 곳이 되었다.

우리가 배운 **둘째 비밀**은, 대부분의 성매매자가 진실을 두려워한다는 점이다. 한번 생각해 보라. 가난한 사람들을 폭력으로 억압하는 사람들이 자신이 하는 일을 왜 은폐하려 하겠는가? 두렵기 때문이다. 자신들의 사업이 착한 사람들에게 발각되면 뭔가 좋지 않은 일이 벌어진다는 사실을 알고 두려워한다. 그들의 생각이 맞다. 그들은 두려워해야 마땅하다.

최근에 동남아시아에서 만난 노예 소유주 일당은 가혹하기로는 둘째가라면 서러울 사람들이었다. 그들은 정미소에 열두 명이 넘는 노예를 감금하고 있었다. 이 노예 소유주와 폭력배들은 노예들을 때리고 여자 노예들을 성폭행했다. 심지어 벌을 준다면서 어떤 노예의 팔에 등유를 뿌리고 불을 붙이기까지 했다. 피터와 지바이가 구출 작전을 계획했던 곳이 바로 그곳이었다. 그런데 그날 저녁, 산다나라는 열두 살짜리 소녀의 진실한 말 한마디 덕택에 이 괴물들을 무너뜨리고 노예들을 구출해 낼 수 있었다.

사연을 말하자면 이렇다. IJM에서 요원들의 안전을 확보한 이후, 경찰을 동원해 정미소를 급습하여 노예들을 구출할 수 있었다. 구출된 노예들은 판사 앞에서 증언을 했다. 그런데 겁에 질린 노예들이 두려운 나머지 진실을 말하지 못했다. 노예 주인들이 그동안 있었던 일을 발설해서는 안 된다고 입단속을 했을 뿐 아니라, 탈출을 시도하면 모두 죽은 목숨이라고 협박했기 때문이다. 노예들은 강제 노동에 시달리고 학대를 받은 사실이 없다고 줄줄이 부인했다. IJM 동료들은 겁에 질려 거짓말만 하는 노예들을 무기력하게 바라볼 수밖에 없었다.

그런데 바로 그때, 어린 산다나가 용기를 내어 노예주들이 가장 두려워하는 일을 해 냈다. 진실을 말한 것이다.

산다나는 아빠가 진실을 말하지 **못했다고** 고백해 부모를 경악케 했다. 노예 주인이 아빠를 때려서 모두가 현실을 있는 그대로 말하지 못했다는 것이다. 순수한 진실의 힘에 감동을 받은 판사는 어린아이라면 그런 거짓말을 하지 않을 거라고 생각한다고 말했다. 산다나의 고백에 용기를 얻은 산다나의 아버지와 다른 노예들도 하나둘 진실을 밝히기 시작했고, 급기야 정미소에 감금된 노예가 더 있다는 사실을 털어놓았다. 경찰 수색에서 찾아내지 못한 사람들이었다. 판사는 그 즉시 거기 있던 노예들을 해방한다고 공식 발표했고, 경찰을 급파해 남아 있는 노예들을 모두 구출하도록 했다. 산다나의 진솔한 증언 덕분에 이제는 모두 자유인이 되었다. 아이들은 학교에 다니고 가족들은 IJM의 장기 재활 프로그램을 통해 독자적인 삶을 세워 가고 있다. 또 노예 소유주들은 그들이 그토록 두려워했던 일을 당하고 있다. IJM 변호사들과 인도 당국의 끈질긴 추적을 받고 있다.

과거의 산다나를 비롯해서 전 세계 수많은 노예들에게 필요한 것은 음식이나 거처, 의약품이나 소액 대출이 아니다. 그들은 자유를 원한다. 그리스도인들은 그들에게 자유를 가져다주어야 한다. 일단 자유를 얻은 노예들에게는 추가로 교육이나 경제적 재활 등이 가능할 것이다.

이런 노예 구출 작전은 가해자들에게도 선택권을 준다. 그들은 학대를 그만둘 수도 있고, 감옥에 갈 수도 있다. 여기서 **마지막 비밀**이 등장한다. 가난한 자들을 탄압하는 사람들은 감옥에 가는 것을 두려워한다. 이전에는 아무렇지도 않게 여겼던 범죄로 교도소 출입을 한 범죄자들은 행동이 달라진다. 이제는 그들이 더 겁을 낸다.

일단 정의를 두려워하게 되면 가난한 사람들에게 손을 대지 않는다.

우리는 실제로 그런 경우를 많이 보았다. 물론, 오랜 시간 꾸준한 노력이 뒤따라야 한다. 태국 북부 지역에서 6년 동안 성매매 피해 아동을 구하고 가해자들을 처벌한 결과, 우리가 목표로 삼은 세 도시에서 성매매 피해 아동이 90퍼센트 이상 줄어든 것을 확인했다. 이런 사실은 우리가 구출한 소녀들에게도 반가운 소식이지만, 앞으로 이런 험한 일을 겪지 않아도 될 수많은 다른 아이들에게는 훨씬 더 반가운 소식이다.

게다가, 우리 의뢰인들은 폭력을 휘두르는 사람들이 우리가 절대 볼 수 없을 거라고 생각한 변화와 정의의 기적을 체험한다. 폭력을 휘두르는 사람들은 우리가 기적을 보길 원치 않는다. 기적에서 비롯된 희망을 두려워하기 때문이다. 그들은 진실을 두려워한다. 당신이 우리 의뢰인들을 만나 볼 기회가 생긴다면, 사람을 변화시키는 놀라운 정의의 능력을 목격할 것이다.

가난한 사람들에 대한 폭력은 전혀 다른 성격의 문제다. 따라서 그리스도의 몸인 교회도 전혀 다른 방식으로 접근해야 한다. IJM이 모든 문제를 해결할 수는 없지만, 우리는 몇 가지 사실을 어렵게 체득하는 중이다. 우리는 폭력을 멈출 수 있다는 사실을 배웠다. 특히 약하고 가난한 사람들에게 가해지는 폭력은 반드시 뿌리뽑아야 한다.

그러기 위해서는 다른 종류의 접근법과 다른 종류의 용기가 필요하다. 예수님은 "온전한 사랑이 두려움을 내쫓는다"라고 가르치셨는데, 나는 현장에서 뛰는 IJM 동료들을 보면서 그 사실을 확인했다.

IJM 요원 지바이는 노예 소유주들에게 폭행당한 사건을 떠올리면서 이렇게 말했다.

정말 무서웠습니다. 하지만 내가 이런 일을 당할 정도라면, 정미소에서 일하는 사람들은 과연 어떤 대접을 받았을까 하는 생각이 들었습니다. 그들은 날마다 매를 맞고 학대를 당합니다. 막상 제가 그 일을 당하고 보니 그들이 날마다 겪는 고통을 알게 되었습니다. 그래서 그들을 돕고 싶은 마음이 더 간절해졌습니다. 여러분은 그들의 삶이 변화된 모습을 보셨습니다. 사람들이 달라지는 모습을 보면, 제가 하는 일이 더 이상 두렵지 않습니다. 그 일에 어떤 위험이 따르는지 알더라도 말입니다.

"어떤 위험이 따르는지 알더라도." 온전한 사랑이 두려움을 내쫓는다.

폭력이라는 문제는 다른 문제와 다르기에, 그에 걸맞은 다른 접근법이 필요하다. 마틴 루터 킹 주니어라는 침례교 목사는 폭력의 문제를 제대로 간파한 사람이었다. 그는 "우주의 윤리적 포물선은 길지만, 그 방향은 정의 쪽으로 굽어 있습니다"라고 말했다.

킹 목사는 하나님의 정의라는 비전을 품고 그리스도인들에게서 용기를 이끌어 냈다. 근본적으로, 정의를 위한 투쟁은 다른 종류의 그리스도인, 즉 폭력의 문제를 바라볼 수 있는 끈질긴 마음의 소유자인 동시에 문제 해결을 위해 행동에 나서는 사람들을 만들어 낸다. 예수님과 함께 폭력에 맞서 정의를 위해 투쟁하는 그리스도인을 달라. 그러면 나는 그 여정을 통해 변화된 그리스도인을 당신에게 보여 주겠다.

실제로, 정의를 위한 투쟁은 오늘날 그리스도인들의 변화를 위한 독특하고 특별한 방법이다. 첫째로, 나는 그리스도인들이 부름받은 여러 영역 중에서 이 세상의 필요와 그 필요를 채워 줄 실제 사역 사이에 이토록 큰 불균형을 보이는 영역은 없다고 믿는다. 주변에 폭력으로 고통받는 이들이 수천, 수만 명이나 되는데도 불구하고, 이런 폭력을 해결하기 위한 실제적인 기독교 사역은 미미한 형편이다. 불의로 고통받는 사람들의 숫자가 굶주린 사람들이나 집 없는 사람들, 환자들, 복음을 듣지 못해 고통받는 사람들의 숫자와 비슷한데도, 이러한 불의를 해결하기 위한 사역에 투입되는 인력과 자원은 다른 분야에 훨씬 못 미친다. 물론 모든 분야에 걸쳐 관심과 투자가 더 많이 필요한 것은 사실이지만, 기독교 단체가 불의 문제에 1달러를 투자한다고 치면, 가난 극복이나 긍휼 사역, 복음 전도와 제자도 프로그램 등에는 약 100달러를 투자한다는 것이다. 그렇다고 해서, 더 많이 알려진 문제들에 대한 지원이 지나치다는 뜻은 아니다. 오히려 부족하다. 그렇지만 "정의를 구하며 학대받는 자를 도우라"는 성경의 긴급하고 중대한 명령을 고려해 본다면, 정의 사역에 대한 투자가 상대적으로 부족하다는 데는 변명의 여지가 없다.

하지만 나는 이런 상황을 보며, 하나님이 전 세계의 교회를 정의를 위한 투쟁으로 부르고 계시며, 그리스도의 제자들에게 변화가 나타날 거라고 믿는다. 정의를 위한 투쟁이 특별한 까닭은, 그것이 지난 100년 동안 가장 소홀히 여겨진 사역일 뿐 아니라 이 사역을 위해서는 이 시대의 그리스도인들이 갈급해하는 용기가 필요하기 때문이다. 전 세계에 만연한 폭력에 맞서 용기 있게 싸우는 일이야말로 우리를 사소하고 하찮은 두려움에서 구해 낼 수 있는 가장 큰 잠재력을 지닌 일이다.

정의를 위한 투쟁은 기독교 신앙을 가장 강력하고 진실하게 보여 줄 수 있는 증거가 된다. 내 경험으로 보더라도, 폭력에 맞설 수 있는 용기는 꾸며 낼 수 없다. 반드시 용기가 있거나 없거나 둘 중 하나다. 야고보 사도가 기록한 것처럼, "나는 **행함으로** 내 믿음을 네게 보이리라"(약 2:18, 저자 강조). 예수님이 가르쳐 주신 방식으로, 즉 사랑과 믿음, 인내와 힘, 소망과 겸손으로 불의라는 폭력의 힘에 맞서는 것은 세상에서 가장 어려운 일 중 하나다. 하지만 그렇게 할 때에야 비로소 진정한 변화가 일어나며, 지치고 의심 많고 상처 입은 세상이 우리 이야기에 귀를 기울일 것이다. "두려워하여 모인 곳의 문들을 닫았던" 신자들이 문을 열고 밖으로 나와 담대한 사랑으로 전진하여 "천하를 어지럽게 하는 사람들"(행 17:6)이 될 것이다.

4장

정의의 하나님

성경을 진지하게 받아들인다면, 하나님이 우리에게 이 세상에서 정의의 사역을 명하셨다는 사실을 부인할 수 없을 것이다. 그리스도인들에게 정의란 선택 사항이 아니다.

유치원에서 산수를 가르친 경험은 없지만, 그만한 또래의 아이 넷을 길러 보니 어떻게 가르쳐야 하는지 감은 온다. 말하자면 이런 식이다. 아침마다 우리 집 작은 천사들에게 맛있는 과자를 나누어 주되, 조금씩 양을 달리해서 준다. 그런 다음 내 책상으로 돌아와서 잠시 지켜본다. 조금만 기다리면 아이들이 알아서 계산을 시작한다. 내가 피타고라스를 입 밖에 내기도 전에, 적게 받은 아이들은 자신이 받은 불공평한 대우를 수학적으로 완벽하게 증명해 낸다. 다음 차례로 더 받은 아이들이 수적 균등을 주장하면, 덜 받은 아이들은 더 받은 아이들에게 엄청나게 반박할 것이다. 그러다가 결국 아이들은 내

책상으로 몰려와 서로 아우성을 치며 보고를 할 것이다. 3분이면 상황 끝. 나는 초코볼로 숫자를, 피자로 기하학을, 코카콜라로 액체의 양을 가르치곤 한다. 빨랫줄로는 측정 단위를 가르치기 그만이다. 물론, 내가 나서서 가르칠 필요는 전혀 없다. 일곱 살짜리 아이들이 서로 가르치고 싶어서 안달이다. 그저 아이들 내면에 숨어 있는 정의에 대한 열정을 살짝 건드려 주기만 하면, 계산과 비교 능력을 얼마든 이끌어 낼 수 있다.

그 또래 자녀를 둔 부모라면 다 알겠지만, 아이들은 놀라울 정도로 예리한 정의감을 가지고 있다. 아주 작은 물건을 나누더라도 조금만 차이가 발생하면, "불공평해요!"라는 볼멘소리를 듣게 될 것이다. 물론 아이들이 크면서 자기 필요에 따라 이기심을 정의로 포장하는 능력이 놀랍게 발전하는 것도 볼 수 있지만 말이다. 정의를 외치는 일곱 살짜리 아이에게는 분명 불순한 동기가 있다. 똑똑한 인류는 정의를 자기 좋을 대로 해석하게 되었다. 실제로 나이가 들면서 사람들은 정의를 자신이 바라는 것을 손에 넣기 위한 강력한 도구로 변모시킨다. 그 결과, 성인들은 정의라는 구호를 내세우는 열성분자들을 의심의 눈길로 바라본다. 20세기 대량 학살의 장본인들(히틀러, 스탈린, 마오쩌둥, 폴 포트, 르완다 대학살)은 정의를 부르짖는 사람들을 외면하고 끔찍한 범죄를 저질렀다.

그러니 하나님이 우리를 정의를 위한 투쟁으로 부르셨다고 믿는 21세기 그리스도인들은 얼마나 혼란스럽겠는가? 인간의 교묘한 마음은 "정의를 구하라"는 부르심을 모호하거나 복잡하다고 치부해 버리고는 무기력에 빠진다. 어떻게 하면 우리 그리스도인은 정의에 대한 투쟁을 제대로 이해하여 세상에서 책임감 있고 효과적인 **행동**을 나타낼 수 있을까? 우리의 창조주와 그분께 중요한 약자들을 기쁘게 할 수 있을까?

불의를 멈추기 원하시는 하나님

다행히도, 하나님은 정의에 대한 투쟁이 무엇인지 성경을 통해 분명히 가르쳐 주신다. 내가 경험한 바로는, 성경에는 학대와 탄압으로 고통받는 사람들을 어떻게 대해야 하는지 분명히 나타나 있다. 실제로 성경을 살펴보면, 정의에 대한 가르침은 전혀 모호하지 않고 오히려 너무 분명하다는 것이 내겐 도전이 된다. 불의(권력을 남용하여 하나님이 다른 사람들에게 주신 것을 빼앗는 행위)에 대한 하나님의 입장도 확실하다. 하나님은 불의를 미워하시고 근절하기 원하신다. 성경의 가르침은 분명하다.

하나님은 왜 불의를 멈추기 원하시는가? 그분이 불의를 심히 미워하시는 까닭은 무엇인가? 그 까닭은 그분이 불의의 피해자들을 너무나 사랑하시기 때문이다. 하나님은 그들이 고통당할 때 그곳에 함께 계신다. 그저 가만히 앉아 계시지 못한다.

> 여호와의 말씀에 '가련한 자들의 눌림과
> 　궁핍한 자들의 탄식으로 말미암아
> 　내가 이제 일어나
> 　그를 그가 원하는 안전한 지대에 두리라' 하시도다. (시 12:5)

하나님이 정의의 하나님이라는 말은 무슨 뜻일까?

첫째, 하나님은 긍휼의 하나님이다. '긍휼'(compassion)은 '함께 고통받다'라는 뜻의 두 개의 라틴어 단어에서 파생했다. 시편 116:5은 "우리 하나님은 긍휼이 많으시도다"라고 말한다. 그분은 불의의 피해자들과 함께 계시며 그들의 고통을 함께하신다.

그분은 긍휼의 하나님일뿐 아니라 '분노'의 하나님이다. 분노의 하나님이란 또 어떤 뜻인가? 하나님은 도덕적 기준이 분명하신 분이다. 하나님은 불의나 학대를 적당히 넘어가지 않으신다. 분노하시고 심판하신다. 성경에는 불의한 사람들을 심판하고 책임을 묻겠다는 하나님의 약속이 여러 차례 등장한다. 그분은 학대받는 자들을 보시며 큰 의분을 내시는 하나님이다. 솔직히 말해서, 아이들이 강간을 당하고 무고한 사람들이 살해를 당할 때 하나님이 의분을 발하신다는 사실이 얼마나 기쁜지 모르겠다. 약자에 대한 무분별한 폭력에 하나님이 분노하시지 않는다면 말이 안 된다. 하나님이 이 세상의 불의를 바라보시고 초연하게 가만히 앉아 계시지 않는다니 얼마나 안심이 되는지 모른다. 하나님의 분노는 인간의 분노와 확연히 다르다. 인간의 분노는 편파적이거나 상반된 동기에서 비롯된 경우가 많다. 그러나 하나님이 발하시는 분노는 의로운 것이다.

마지막으로, 하나님은 '구원'의 하나님이다. 시편 10편은 구원하시는 하나님의 속성을 잘 표현해 준다.

여호와여, 주는 겸손한 자의 소원을 들으셨사오니
　그들의 마음을 준비하시며 귀를 기울여 들으시고

고아와 압제당하는 자를 위하여 심판하사

세상에 속한 자가 다시는 위협하지 못하게 하시리이다. (17-18절)

하나님은 우리를 구하시는 분이다. 불의한 현실에 분노하고(분노의 하나님) 슬퍼하실 뿐만 아니라(긍휼의 하나님), 우리를 건져 내시는 분이다. 시편 35:10은 그 하나님을 이렇게 묘사한다.

여호와와 같은 이가 누구냐?
그는 가난한 자를
　그보다 강한 자에게서 건지시고
　가난하고 궁핍한 자를 노략하는 자에게서 건지시는 이라.

당신은 이렇게 말할지도 모르겠다. "글쎄요. 하나님이 압제당하는 자들을 구하신다니 참으로 다행스런 일입니다만, 도대체 무슨 수로 그들을 구해 내신답니까?" 그에 대한 답도 하나님의 말씀에 분명히 나와 있다. 바로 우리가 하나님의 비장의 **계획**이라니, 놀랍지 않은가. 하나님은 예언자 이사야를 통해 자기 백성들에게 이렇게 요구하신다.

> 하나님은 우리를 통해 이 불의한 어둠의 세상에 빛을 비추기 원하신다.

정의를 구하며
　학대받는 자를 도와주며
고아를 위하여 신원하며

과부를 위하여 변호하라. (사 1:17)

하나님은 우리를 통해 이 불의한 어둠의 세상에 빛을 비추기 원하신다. 성경을 진지하게 받아들인다면, 하나님이 우리에게 이 세상에서 정의의 사역을 명하셨다는 사실을 부인할 수 없을 것이다. 그리스도인들에게 정의란 선택 사항이 아니다. 하나님의 마음 중심에 자리 잡은 정의는 곧 하나님과 우리의 관계에서도 핵심이다.

5장

정의로운 예배

하나님은 말씀하신다. 정의가 없으면,

노랫소리도 성회도 예배도 다 기뻐하지 않으시겠다고 말이다.

———

공항에 갈 때마다 제대로 된 비행기에 타는 게 얼마나 중요한지 새삼 실감하곤 한다. 여기서 제대로 된 비행기란 특정한 크기나 항속 거리, 속도나 최대 고도 등을 말하는 것이 아니라, 올바른 목적지로 향하는 비행기를 말한다. 아무리 멋지고 속도가 빠른 비행기라 해도 잘못된 목적지로 향한다면 곤란해진다. 워싱턴 D.C.에 있는 공항에 비행기 두 대가 대기 중이다. 한 대는 시애틀로, 또 한 대는 샌디에이고로 가는 비행기다. 두 비행기 모두 서쪽을 보고 있다. 사실, 두 비행기의 앞부분이 가리키는 곳은 거리상으로 불과 몇 센티미터 차이에 불과하지만, 몇 시간을 비행하고 나면 전혀 다른 곳에(아주 멀리 떨어진 곳에) 착륙하게 될 것이다.

나는 그리스도인으로 산 지 오래되었지만, 시간이 지날수록 얼마나 오랫동안 신앙생활을 했느냐는 별로 중요하지 않다는 사실을 절감한다. 얼마나 빨리, 얼마나 높이 날았는지는 그다지 중요하지 않다. 제대로 된 방향으로 가고 있지 않다면, 결국 하나님이 중요하게 생각하시는 것과 동떨어진 곳에 도달할 것이다.

'잘못된 방향으로 가는 것', 이것이 바로 예수님 시대 종교 지도자들의 문제점이었다. 그들은 아주 오랫동안 지도자로 살았지만, 하나님이 중요하게 여기시는 것들과는 거리가 멀었다. 그래서 나는 하나님이 말씀을 주신 것이 너무나 감사하다. 성경은 하나님이 무엇을 중요하게 여기시는지 알려 준다. 그 덕택에 우리는 정도를 지킬 수 있다.

정의와 예배

성경은 하나님이 기뻐하시는 것과 기뻐하시지 않는 것이 무엇인지 분명하게 말해 준다. 그것을 깨달으면 우리는 그분이 원하시는 대로 살 수 있다. 성경은 우리가 올바른 방향으로 여행하도록 돕는 안내 표지판과 같아서, 하나님이 정의를 얼마나 사랑하시는지 설명해 준다. 또 성경에는 우리가 잘못된 길로 가고 있다고, 하나님이 미워하시는 일을 하고 있다고 알려 주는 경고 표지판도 등장한다. 그러니 하나님이 정의가 빠져 버린 예배를 얼마나 싫어하시는지 염두에 두는 편이 좋다. 하나님은

> 하나님은 정의가 빠져 버린 예배를 기뻐하지 않으신다.

예언자 이사야를 통해 다음과 같이 말씀하신다.

> 그들이 날마다 나를 찾아
>   나의 길 알기를 즐거워함이
> 마치 공의를 행하여
>   그의 하나님의 규례를 저버리지 아니하는 나라 같아서
> 의로운 판단을 내게 구하며
>   하나님과 가까이하기를 즐거워하는도다.
> "우리가 금식하되 어찌하여 주께서 보지 아니하시오며
>   우리가 마음을 괴롭게 하되 어찌하여 주께서 알아주지 아니하시나이까?"
> 보라, 너희가 금식하는 날에 오락을 구하며
>   온갖 일을 시키는도다. (사 58:2-3)

이에 하나님은 이런 수사적 질문으로 답하신다.

> 내가 기뻐하는 금식은
>   흉악의 결박을 풀어 주며
>   멍에의 줄을 끌러 주며
> 압제당하는 자를 자유하게 하며
>   모든 멍에를 꺾는 것이 아니겠느냐? (사 58:6)

이스라엘 사람들은 축제와 절기를 지키며 금식을 했지만, 뭔가

이상했다. 그래서 하나님께 여쭈었다. "왜 저희 말씀에 귀 기울이지 않으시며, 저희를 보아 주지 않으십니까?" 하나님이 그들에게 대답하신다. "내가 너희에게 요구한 것은 정의를 행하고 압제당하는 자들을 자유하게 하는 것이 아니겠느냐?" 하나님은 정의가 빠져 버린 예배를 기뻐하지 않으신다.

우리는 아모스서에서도 그 점을 확인할 수 있다.

> 너희의 허물이 많고
> > 죄악이 무거움을 내가 아노라.
> 너희는 의인을 학대하며 뇌물을 받고
> > 성문에서 가난한 자를 억울하게 하는 자로다. (5:12)

좀더 살펴보자.

> 내가 너희 절기들을 미워하여 멸시하며
> > 너희 성회들을 기뻐하지 아니하나니
> 너희가 내게 번제나 소제를 드릴지라도
> > 내가 받지 아니할 것이요,
> 너희의 살진 희생의 화목제도
> > 내가 돌아보지 아니하리라.
> 네 노랫소리를 내 앞에서 그칠지어다.
> > 네 비파 소리도 내가 듣지 아니하리라.
> 오직 정의를 물같이,

공의를 마르지 않는 강같이 흐르게 할지어다. (5:21-24)

하나님은 말씀하신다. 정의가 없으면, 노랫소리도 성회도 예배도 다 기뻐하지 않으시겠다고 말이다. "기뻐하지 아니하나니"라는 표현은 사실 좀 약하다. 이사야 59:16에는 하나님이 "기막힐 수밖에"(공동번역)라고 나온다. 하나님이 기막혀 하신다고 묘사하는 성경 구절은 이곳이 유일하다. 도대체 왜 하나님은 기막혀 하실까? 이사야는 말한다.

> 성실함이 종적을 감추고
>   악에서 발을 뺀 자가 도리어 약탈당하는 세상,
> 이다지도 공평하지 못하여
>   야훼께서 눈을 찌푸리시지 않을 수 없는 세상,
> 그의 눈엔 사람다운 사람 하나 보이지 아니하고,
>   중재하는 사람 하나 보이지 않으니 기막힐 수밖에.
>
> (사 59:15-16, 공동번역)

하나님은 불의를 기뻐하지 않으실 뿐 아니라, 불의를 막기 위해 애쓰지 않는 백성을 바라보며 기막혀 하신다.

하나님이 정의가 빠진 예배를 이토록 미워하시는 이유는 무엇일까?

요한1서는, 우리가 이웃을 사랑하지 않으면서 하나님을 사랑할 수는 없다고 말한다. 고린도전서 13장에서 바울은 우리가 아무리 고상하고 큰일을 할지라도 사랑이 없으면 아무것도 아니요, 하나님의 귀에 거슬리는 소음에 불과하다고 말한다.

    하나님께 거슬리는 존재가 되고 싶은 사람은 아무도 없다. 모든 사람은 그분을 기쁘시게 하고 싶어 한다. 그러려면, 무엇으로 그분을 기쁘시게 할 수 있는지 예수님이 알려 주신 기본적인 가르침을 다시 한번 검토해야 한다.

6장

하나님 사랑, 이웃 사랑

믿는다는 말이나 믿는다는 확신만으로는 진정한 믿음이 아니다.

그것이 진실인 것처럼 행동할 때에야 비로소 그것을 진정으로 믿는 것이다.

―

어느 율법교사가 예수님을 찾아와 중요한 질문을 던졌다. "선생님, 내가 무엇을 하여야 영생을 얻으리이까?" 예수님은 그의 질문에 또 다른 질문으로 답하셨다. "율법에 무엇이라 기록되었으며 네가 어떻게 읽느냐?" 그러자 율법교사가 대답했다. "네 마음을 다하며 목숨을 다하며 힘을 다하며 뜻을 다하여 주 너의 하나님을 사랑하고 또한 네 이웃을 네 자신같이 사랑하라 하였나이다"(눅 10:25-27).

아주 간단하지 않은가? 하지만 당신이 율법교사라면 경우가 다르다. 같은 율법교사인 내가 보아도, 율법교사가 책임을 회피하기 위해 일을 복잡하게 만들려는 속셈이 빤하다. 누가복음에 등장하는 이 율법교사는 이어서 또 다른 질문을 던진다. "그러면 내 이웃이 누구니이까?" 그러자 예수님은 선한 사마리아인의 비유를 들려주시면서 우리의 도움이 필요한 사람이 바로 우리 이웃이라는 점을 분명히 짚어 주신다.

예수님께 중요한 것

이런 종류의 이야기를 살펴볼 때는 "우리에게 중요한 질문이 무엇인가?"와 "예수님께 중요한 질문이 무엇인가?"를 비교하면 흥미롭다. 율법교사에게는 "내 이웃이 **누구입니까?**"라는 질문이 중요했지만, 예수님께는 "네가 네 이웃을 **사랑하느냐?**"라는 질문이 중요했다.

예수님은 율법교사와의 대화를 통해 우리가 이웃을 사랑하지 않고 하나님을 사랑하는 것은 불가능하다는 점을 분명히 하신다. 이 말씀은 목회자와 교회 지도자들에게 아주 중요한 의미가 있다. 우리가 사람들을 이웃 사랑으로 인도하지 못한다면, 그들을 하나님 사랑으로도 인도할 수 없다. 어찌 보면 너무나 뻔하고 당연한 이야기 같지만, 과거 수많은 종교 지도자들이 이 사실을 간과했다. 사도 요한은 이렇게 썼다. "누구든지 하나님을 사랑하노라 하고 그 형제를 미워하면 이는 거짓말하는 자니 보는 바 그 형제를 사랑하지 아니하는 자는 보지 못하는 바 하나님을 사랑할 수 없느니라. 우리가 이 계명을 주께 받았나니 하나님을 사랑하는 자는 또한 그 형제

> 우리가 사람들을 이웃 사랑으로 인도하지 못한다면, 그들을 하나님 사랑으로도 인도할 수 없다.

를 사랑할지니라"(요일 4:20-21).

하지만 실제로 어떻게 이웃을 사랑할 수 있는가? 예수님은 그 질문에 아주 간단하게 답하신다. "무엇이든지 남에게 대접을 받고자 하는 대로 너희도 남을 대접하라"(마 7:12). 이웃 사랑이란 우리가 대접받고 싶은 대로 남을 대접하는 것이다.

그렇다면 이런 이웃 사랑과 정의에 대한 하나님의 열정은 무슨 상관이 있는가? 이것도 간단하다. 불의한 세상에서 이웃을 사랑하라는 예수님의 명령에 순종하는 것은 바로 정의를 행하는 것이다. 정의를 행하는 것은 성경의 모든 내용을 압축한 한 가지 명령, 즉 마음과 목숨과 힘과 뜻을 다하여 하나님을 사랑하고 이웃을 내 몸같이 사랑하라는 명령을 실천하는 것이다. 우리가 대접받고 싶은 대로 남에게 해 주는 것이 정의다. 그래서 히브리서 13:3도 정의의 사역을 사랑이라는 맥락에 놓고 "너희도 함께 갇힌 것같이 갇힌 자를 생각하고, 너희도 몸을 가졌은즉 학대받는 자를 생각하라"라고 권면한다.

불의로 고통당하는 세상의 이웃들을 찾아가 그들 편에서 정의를 구하지 않으면서, 그들을 사랑한다고 말할 수는 없다. 자신과 가족을 구하겠다는 절박함과 긴박감으로 이웃을 구하기 위해 힘써야 한다. 불의한 세상에서 억압받는 사람들 편에 서서 사랑을 베푸는 것은 이웃을 사랑하라는 예수님의 근본적인 명령에 대한 단순명료한 순종이다.

성경의 가르침을 진지하게 생각한다면 정의를 구하라는 부르심이 헌신된 그리스도인의 삶에 근본이라는 사실을 부인할 수 없다. 성경의 명령은 어마어마한 무게감이 있다. 지난 수백 년간 대부분의 교회에서 이 중요한 성경의 명령을 무시했지만, 하나님은 이처럼 무시되었던 근본 원리로 사람들을 다시 부르고 계신다. 우리가 할 일은 그 부르심을 듣고 순종하는 것이다. 그 부르심이 우리에게는 곧 은혜이기 때문이다.

정의에 대한 희망

안타깝게도 불의의 문제에 관한 한, 성경보다는 전 세계 언론이 더 비중 있게 다가오는 것 같다. 텔레비전에서는 정의에 대한 투쟁이 가망이 없다고 말한다. 우리는 날마다 이 세상에서 악과 폭력이 승승장구하는 모습을 지켜보면서 참담함을 느낀다. 자신이 조금이라도 기여할 기회가 있다고 믿는다면 하나님이 주시는 용기를 받아들일 그리스도인이 많을 것이다. 그러나 매일같이 우리를 괴롭히는 음울한 머리기사를 보건대 불의를 타파하는 것은 요원하기만 하다. 오히려 이 거대하고 무시무시한 악과 폭력에 맞서 뭔가를 할 수 있다고 생각하는 것이 너무 순진하거나 자만한 태도는 아닌가 싶다.

> 믿는다는 말이나 믿는다는 확신만으로는 진정한 믿음이 아니다. 그것이 진실인 것처럼 행동할 때에야 비로소 그것을 진정으로 믿는 것이다.

이런 패배감은 당연히 이해할 만하지만, 하나님께는 그런 생각들이 전혀 중요하지 않다. 첫째, 이런 절망감은 하나님께 이렇게 말하는 것이나 마찬가지다. "당신은 사람들에게 덜렁 사역만 맡겨 놓고 실제로 그 사역을 감당할 수 있는 능력은 전혀 주시지 않았군요." 이렇게 믿는다면, 분명 그렇게 말해야 한다. 물론 성경은 하나님의 성품을 이렇게 이야기하지 않지만, 우리가 이렇게 말한다고 해서 큰일이 나는 것은 아니다. 성경이 가르치는 하나님의 성품이 의심스럽다고 인정하는 것이야말로 진정한 믿음으로 향하는 첫걸음이자 최선의 길일 때가 많다. 달라스 윌라드도 『마음의 혁신』(*Renovation of the Heart*, 복있는사람)에서 이렇게 지적한다. 믿는다는 **말**이나 믿는다는 **확신**만으로는 진정한 믿음이 아니다. 그것이 진실인 것처럼 **행동할** 때에야 비로소 그것을 진정으로 믿는 것이다.

정의를 위한 기도와 사역에서 예수님보다 더 확실한 본보기는 없을 것이다.

> 예수께서 그들에게 항상 기도하고 낙심하지 말아야 할 것을 비유로 말씀하여 이르시되 "어떤 도시에 하나님을 두려워하지 않고 사람을 무시하는 한 재판장이 있는데 그 도시에 한 과부가 있어 자주 그에게 가서 '내 원수에 대한 나의 원한을 풀어 주소서' 하되 그가 얼마 동안 듣지 아니하다가 후에 속으로 생각하되 '내가 하나님을 두려워하지 않고 사람을 무시하나 이 과부가 나를 번거롭게 하니 내가 그 원한을 풀어 주리라. 그렇지 않으면 늘 와서 나를 괴롭게 하리라' 하였느니라." 주께서 또 이르시되 "불의한 재판장이 말한 것을 들으라. 하물며 하나님께서 그 밤낮 부르짖는 택하신 자들의 원한을 풀어 주지 아니하시겠느냐? 그들에게 오래 참으시겠느냐? 내가 너희에게 이르노니, 속히 그 원한을 풀어 주시리라. 그러나 인자가 올 때에 세상에서 믿음을 보겠느냐?" 하시니라. (눅 18:1-8)

성경은 우리가 이 땅에서 벌이는 불의와의 싸움에서 모두 승리할 거라고 말하지 않는다. 하지만 하나님이 궁극적인 전쟁에서 승리하실 것이라고는 가르쳐 준다. 그분은 우리가 싸우는 모든 전쟁에서 우리와 함께하시고, 우리 편에서 능력과 보호를 제공하시며, 하나님 나라의 궁극적 승리에 필요한 모든 전쟁에서 승리하실 것이다. 이것이 바로 불의로 신음하는 세상에서 예수님이 자신을 따르는 이들에게 믿고 따르라고 확인해 주시는 진리다.

'현실적이고 성숙한' 그리스도인들이 이 세상의 폭력과 불의를 막기 위해 자신이 할 수 있는 일이 없다는 이유를 열네 가지씩이나 늘어놓을 때 예수님이 그 이야기를 들으며 눈동자를 굴리시는 모습(예수님이 정말 그러실지는 잘 모르겠지만)을 상상해 본다. 그분은 분명 우리가 두려워하는 마음은 이해하시지만, 아무 일도 할 수 없다는 교묘한 핑계로 두려움을 포장하는 모습에는 불쾌해하실 것이다. 예수님이 짜증을 내신다 해도 할 말이 없다. 거짓의 아비가 만들어 낸 케케묵은 변명을 우리가 끊임없이 반복하는 것을 듣고 계시니 말이다. 이 거짓의 아비는 수천 년간 하나님이 자기 자신과 이 세상, 역사에 대해 하신 말씀이 모두 거짓이라는 주장만 계속해 왔다. 하나님을 신뢰할 수 없으니 깨우친 우리는 스스로 이 위험한 세상의 문제를 해결해야 한다고 말이다.

그러니 하늘 아버지에 대한 이런 거짓 주장과 절망감에 사로잡힌 사람들을 보며 예수님의 신경이 거슬리는 것은 당연하지 않겠는가. 역사를 보면, "악이 승리하기 위한 조건은 단 한 가지다. 선한 사람들이 아무것도 하지 않는 것이다"라는 에드먼드 버크(Edmund Burke)

의 말이 정확히 들어맞는다. 선한 의지가 있는 사람들이 희망을 잃고 악에 대항해 싸우기를 포기한다면, 악이 승리할 수밖에 없다. 반대로, 선한 의지를 가진 사람들이 끝까지 희망을 잃지 않으면 악은 결국 무너질 것이다. 그래서 정의를 위한 싸움은 늘 희망의 전장에서 결판나는 법이다. 예수 그리스도께서 역사에서 가장 중요한 시점이 되신 것도 그 때문이다. 달라스 윌라드가 지적한 것처럼, 희망을 미덕으로 가르친 이 1세기 랍비는 고대의 세계관을 완전히 뒤엎으셨다. 예수님 이전의 고대 철학자들에게 희망은 순진하고 어리석은 사람들의 나약함을 상징했다. 그러나 예수님의 초기 제자들에게 희망이란 하나님을 알지 못하는 이들과 아는 이들을 구별해 주는 표지였다(엡 2:12; 살전 4:13).

그런 까닭에, 정의를 실천하기 어렵다는 이유들은 일리가 있지만, 예수님은 그런 변명들에 별 관심이 없으시다. 그런 변명들은 노예 소년이나 고문당하는 죄수, 자기 땅에서 쫓겨난 과부들에게도 도움이 되지 않는다. 당신이 정미소에서 노예로 일하거나, 콘크리트 바닥에 수갑을 차고 앉아 있거나, 폭력을 피해 집에서 나와 쫓기는 신세라고 하자. 그런데 그런 당신을 두고 수많은 그리스도인이 당신을 돕지 못하는 이유만 늘어놓는다고 상상해 보라. 사람들의 변명이 정말 짜증스럽지 않겠는가? 그 이유란 것이 대부분은 사실이 아니기 때문이다. 당신이라면, 누군가가 이렇게 말해 주기를 기대하지 않을까? "잠깐만요! 우리가 모든 문제를 다 해결할 수는 없지만, 이 문제 하나는 도울 수 있지 않을까요?"

엄연한 역사적 사실

이것이 바로 불의에 대한 절망감에 깃든 모순이다. 우리는 이런 절망감을 냉정한 사고와 현실적인 분석, 겸양으로 위장하고, 희망은 순진하다 못해 교만한 환상으로 취급해 버린다. 하지만 진실을 말하자면, 절망이야말로 잘못된 사실이다. 결국 역사의 재로 사라진 사람들은 언제나 독재자와 압제자들이었다. 우주의 윤리적 포물선은 정말 길다. 때로는 참기 힘들 정도로 길게 보일 때도 있다. 그러나 미시적·거시적 차원을 불문하고, 우주의 윤리적 포물선은 정의 쪽으로 굽어 있다. 또 하나님은 그 포물선을 더 많이 구부려서 목적지에 더 빨리 도달할 수 있는 능력을 인간에게 주셨다. 역사를 보면 그런 사실이 잘 나타난다. 하나님은 우리가 그분의 성품에 대한 신학적 주장뿐 아니라 하나님에 대한 엄연한 역사적 사실에 근거해서 정의 사역을 세워 갈 수 있게 하신다.

희망은 막연한 바람이 아니라 기억이라는 영성 훈련에서 비롯되는 성령의 열매다. 그래서 하나님은 가장 암울한 시대에도 우리에게 증인을 남겨 주셨다. 이들은 하나님의 백성이 정의를 위한 싸움에서 그분을 믿고 따를 때 무슨 일이 벌어지는지 똑똑히 보여 주었다. 다음 장에서는 그중 세 사람의 증언을 들어 볼 것이다. 그들의 이야기를 들어 본 사람은 거의 없겠지만, 이처럼 극적이고 흥미진진한 이야기가 또 있을까 싶다. 하나님이 얼마나 놀라운 분인지 다시 한번 되새기는 계기가 될 것이다.

7장
어둠에 맞선 사람들

도날디나는 살해 위협과 폭행, 부패한 정부에 맞서 45년 동안 싸웠다. 경찰과 함께 도끼와 망치를 휘두르며 밤중에 현장을 급습해 3천 명이 넘는 소녀들을 해방시켰다.

우리 아이들이 아주 어렸을 적에 무섭다며 잠자리에 들지 못하는 일이 자주 있었다.

아이들은 귓속말로 "방이 너무 무서워요"라고 했다. "음, 왜 방이 무서울까?" 하고 물으면, "컴컴하잖아요!"라는 대답이 돌아오곤 했다.

아이들이 무서워하는 이유를 찾다 보면 금방 답이 나왔다. 아이들은 방이 컴컴하다고 무서워했다. 그런데 아무리 합리적이고 그럴싸한 말로 설명해 줘도 아이들의 두려움을 내쫓기엔 역부족이었다.

비슷한 일을 몇 차례 반복하면서 이 문제에는 한 가지 해결책밖에 없다는 사실을 터득했다. 어두컴컴한 방으로 들어갔다가 멀쩡하게 살아 나온 사람을 실제로 보여 주기만 하면 되었다. 이렇게 해서, 밤에 불을 끈 후 너무 무서울 때 '어둠에 맞서는' 우리만의 의식이 탄생했다. 아이들을 침실 밖 문간에 세워 놓고, 나 혼자 용기 있게 어둠 속으로 들어간 다음 무슨 일이 벌어지는지 본다. 잠옷 차림으로 복도 쪽으로 한 걸음 물러나 예의주시하던 아이들은 내가 어두컴컴한 자신들의 방으로 돌진하는 것을 지켜보곤 했다. 나는 칠흑 같은 어둠에 둘러싸인 채 방 한가운데서 꼼짝도 않고 서 있었다. 동물 인형을 꼭 끌어안은 아이들은 방 안에서 무슨 끔찍한 일이 일어나지 않을까 숨을 죽이고 지켜봤다. 하지만 매번 아무 일도 없었다. 시시한 결과에 키득거리면서 아이들은 차례로 줄을 서 컴컴한 방으로 들어갔다. 어두운 방 안에서 끔찍한 일이 생기리라는 아이들의 예상은 터무니없는 것이었다.

다른 누군가가 **먼저** 그 어둠에 맞서는 모습을 볼 수 있다면, 꼬리에 꼬리를 무는 아이들의 두려움은 눈 녹듯 사라져 버릴 것이다.

정의를 위한 싸움에서도 하나님은 앞서 수많은 성인을 보내 어둠에 맞서게 하심으로써 순종이 얼마나 큰 차이를 불러오는지 보여 주셨다. 우리가 그들의 이야기를 더 많이 알수록 우리를 얽매는 의심과 두려움은 더 많이 사라질 것이다.

> 다른 누군가가 먼저 그 어둠에 맞서는 모습을 볼 수 있다면, 꼬리에 꼬리를 무는 아이들의 두려움은 눈 녹듯 사라져 버릴 것이다.

윌리엄, 도날디나, 이레나의 이야기는 아주 훌륭한 본보기다. 폭력과 잔인한 탄압이 만연한 세상을 무슨 수로 변화시킬 수 있을지 회의하는 이들에게, 나는 그 반증으로 이 세 사람의 이야기를 들려주려 한다. 이들의 이야기가 한층 더 강력하고 기분 좋게 다가오는 이유는 이 사람들의 흥미진진한 모험담을 들어 본 그리스도인들이 거의 없기 때문이다. 이러한 사실은 정의를 위한 싸움에서 가능한 일과 불가능한 일을 판단하는 근거를 고려할 때 우리가 알지 못하는 사실들이 아직도 많다는 것을 시사한다. 윌리엄과 도날디나와 이레나를 만나고 나면, 하나님이 자기 백성을 통해 행하실 정의의 사역에 한계를 긋는 것이 얼마나 교만한 일인지 알게 될 것이다.

> 윌리엄과 도날디나와 이레나를 만나고 나면, 하나님이 자기 백성을 통해 행하실 정의의 사역에 한계를 긋는 것이 얼마나 교만한 일인지 알게 될 것이다.

간단히 말해서, 사랑에서 우러나온 이 세 신자들의 용기는 당대의 수많은 약자를 잔인하고 포악한 압제에서 구출해 냈다. 세 사람 모두 학대받는 사람들의 곤경을 쉽게 눈감아 버릴 수도 있었지만, 의도적으로 그들을 찾아 나섰다. 이들이 대규모 국제 조직에 소속된 것도 아니다. 오히려 자신들이 속한 사회에서 약자였던 이들은, 자신들이 맞서 싸운 강력한 독재자들이 망한 후에도 오랫동안 행복하게 살았다.

윌리엄 셰퍼드

20세기 초, 아프리카의 중심부에서는 인류 역사상 가장 잔인하고 끔찍한 인권 유린이 소리 소문 없이 벌어지고 있었다. 언젠가 블레즈

파스칼이 세상의 모든 끔찍한 고통은 왕이 자기 방에 가만히 앉아 있지 못해서 발생한 문제라고 말한 적이 있는데, 1880년대 벨기에의 레오폴드 국왕이 그랬다. 그 때문에 수많은 무고한 사람들이 살해당하는 일이 벌어졌다. 레오폴드 국왕은 이제 막 건설한 자신의 작은 왕국도 당대의 대제국들처럼 식민지를 개척해야 할 때라고 판단했다. 그런데 큰 땅덩어리들은 이미 다른 제국들이 차지하고 있어서 아프리카 대륙 깊은 곳의 미개척지밖에 남아 있지 않았다. 레오폴드 국왕은 사설 군대를 조직해서 지금의 콩고를 개인 소유로 삼았다.

새로운 식민지에서 돈이 될 만한 것을 찾느라 혈안이 된 레오폴드 국왕은 콩고에 고무나무가 많다는 사실을 발견하고는 당시 산업혁명에 밑거름이 되어 줄 자원으로 지목했다. 그런데 고무나무 개발에는 한 가지 문제가 있었다. 고무를 채취하는 작업이 너무 힘들어서 식민지 거주자들이 협조를 거부했기 때문이다. 레오폴드 국왕은 자신의 악명 높은 사설 군대를 투입하여 콩고인들을 고무 농사를 비롯한 강제 노역에 동원했다. 이후 20년 동안, 그의 강제 노동 정책은 콩고 인구 절반의 목숨을 앗아 갔다. 군인들은 채찍과 쇠줄, 무시무시한 체벌로 노동을 강요했다. 남자들을 노역에 동원하기 위해, 인질로 붙잡아 둔 여자들을 강간하고 감옥에 집어넣었다. 거침없는 폭력과 공포 정책의 일환으로, 마을에 불을 지르고 주민들의 손과 귀를 잘라 무더기를 만들었다. 한 벨기에인 지방 관리가 본국의 정부에 보고한 내용처럼, "고무를 생산하기 위해 사람들의 손과 코와 귀를 잘라 내야 했다."

나중에 이 무시무시한 공포가 조지프 콘래드(Joseph Conrad)의 소설 『암흑의 핵심』(The Heart of Darkness, 민음사)에 고스란히 실렸지만, 세상 사람들의 시야와 마음에서 비껴난 이 악몽은 오랜 세월 계속되었다. 레오폴드 국왕과 그 하수인들이 비싼 돈을 들여 만들어 낸 기만과 선전 정책 덕분에 세상 사람들은 이 학살과 공포를 볼 수 없었다. 그러나 버지니아주 출신 장로교 선교사인 아프리카계 미국인 윌리엄 셰퍼드(William Sheppard)의 대담한 기록에 힘입어 그들의 만행이 만천하에 드러났다. 해방된 노예의 아들이었던 셰퍼드는 자신의 해외 선교 사역에 걸림돌이 되었던 교파 내 차별 정책을 타파하고 콩고로 나갔다. 유럽인이 아프리카 내지에 첫발을 내디딘 지 불과 몇 년이 되지 않은 때였다.

셰퍼드는 콩고에서 복음을 전하고 교회를 개척하면서 원주민들의 신뢰를 얻었다. 그는 얼마 되지 않아 벨기에 통치자들이 콩고 사람들에게 저지르고 있는 끔찍한 일의 전모를 알게 되었다. 셰퍼드는 폭력과 질병, 살해 위협, 상상할 수 없는 어려움과 싸우면서 다른 선교사와 후원자들과 손을 잡고 지배층의 가혹 행위를 사실대로 기록하기 시작했다. 그 과정에서 사설 군대의 대학살 현장에 비밀 요원으로 잠입한 셰퍼드는 여든한 번째로 손가락이 절단되는 희생자가 되기도 했다. 셰퍼드의 대학살 보고서가 계기가 되어 세계 최초의 국제 인권 캠페인인 콩고 개혁 운동이 발족했다. 셰퍼드는 명예훼손 소송에 휘말려 레오폴드 국왕 측으로부터 심각한 공격을 받기도 했지만 무죄 판정을 받았고, 그가 이끈 운동은 마침내 콩고의 잔혹 행위에 종말을 고했다.

도날디나 카메론

윌리엄 셰퍼드가 머나먼 아프리카 대륙에서 레오폴드 국왕의 잔혹 정치에 맞서 싸우고 있을 때, 미국에서는 어느 젊은 인턴 선교사가 샌프란시스코의 수많은 여성을 망가뜨리는 조직적이고 폭력적인 매춘 사업에 맞서 싸웠다. 윌리엄 셰퍼드보다 다섯 살 아래인 도날디나 카메론(Donaldina Cameron, 1869년생)은 황금광 시대가 막을 내린 후 캘리포니아 황야의 험한 농장 지대에 있는 어느 그리스도인 가정에서 성장했다. 1880년대에 오클랜드에 있는 사범대학을 다녔지만, 아버지가 돌아가시는 바람에 학업을 포기해야 했다. 도날디나는 결혼해서 농장에서 아이를 키우고 싶다는 소박한 꿈을 꾸었지만, 어느 선교사 친구가 들려준 충격적인 이야기에 그녀의 인생은 달라졌다. 그 이야기는 샌프란시스코 차이나타운의 미로 같은 골목에서 횡행하는 불법 성매매에 대한 것이었다. 본토에서 배에 실려 온 수많은 중국 소녀가 미국 남성들의 성노예로 팔려 가고 있었다. 너무 어린 아이들은 가정집 식모로, 십대 소녀들은 사창가로 팔려 갔는데, 얼마나 가혹한 대접을 받았던지 대부분 5년 이내에 목숨을 잃었다. 차마 입에 담기 힘든 끔찍한 현실이었다.

성노예로 학대받는 중국 소녀들의 고통에 눈을 뜬 도날디나는 머지않아 그들을 도울 수 있는 기회를 잡았다. 소녀들의 구출을 돕는 자그마한 장로교 선교 단체에서 인턴으로 일하지 않겠느냐는 친구의 제안을 받고 흔쾌히 응한 것이다. 도날디나가 스물다섯 살 때의 일이다. 이 가혹한 성매매 현장에 발을 들여놓은 지 몇 달이 되지 않아 선교 단체 대표가 갑자기 병에 걸리는 바람에 도날디나는 책임을 맡게 되었고, 이후 평생 그 일에 헌신했다.

도날디나는 살해 위협과 폭행, 부패한 정부에 맞서 45년 동안 싸웠다. 경찰과 함께 도끼와 망치를 휘두르며 밤중에 현장을 급습해 3천 명이 넘는 소녀들을 해방시켰다. 그리고 마침내, 살아생전에 그 지역에서 악명 높던 "황인종 노예무역"의 종말을 목격할 수 있었다.

이레나 센들러

도날디나가 목격한 것처럼 샌프란시스코의 어두컴컴한 매춘굴에서 하나님의 사랑과 정의의 빛이 사라져 갔듯이, 폴란드의 유대인 거주 지역에는 나치 대량 학살의 어두운 그림자가 드리우고 있었다. 1940년대의 평범한 가톨릭 신자였던 이레나 센들러(Irena Sendler)는 바르샤바 유대인 거주 지역에 격리된 수많은 유대인의 고통을 목격했다. 이 지옥 같은 곳에서는 학대를 견디지 못한 유대인들이 한 달에 4천 명씩 죽어 나가고 있었다. 대부분의 폴란드인 이웃들은 근처에 얼씬거리지도 않고 모르는 척했지만, 이레나는 사회복지과에서 일하는 자신의 지위를 이용해 유대인 거주 지역을 방문할 수 있는 허가를 받았다. '전염병 소탕'이 목적이었다.

유대인들의 탈출을 돕거나 모의하면 사형까지 받을 수 있다는 사실을 잘 알면서도 젊은 이레나는 유대인 아동들을 안전한 곳으로 탈출시키기 위해 지하 조직을 만들었다. 나중에 게슈타포에게 잡힌 이레나는 조사를 받고 고문을 당하는 과정에서 팔다리가 부러지기도 했다. 이레나는 사형 집행을 받기 위해 끌려 나왔지만, 뇌물을 받은 경비 요원이 이레나를 때려 정신을 잃게 만든 다음 배수구에 내동댕이쳤다. 하나님의 은혜로 목숨을 건진 이레나는 계속해서 구조 사역에 전념했고, 전쟁 기간에 2,500명이 넘는 유대인 아동을 구출할 수 있었다. 이레나는 사악한 독재자 나치보다 훨씬 더 장수해서, 아흔일곱 살에 생을 마감할 때까지 그리스도인의 사랑의 능력을 증거했다.

하나님이 이 세상에서 어떻게 일하시는지 궁금하거든, 윌리엄과 도날디나, 이레나를 기억하라.

각기 다른 시대를 살아간 이 세 사람의 이야기는 용감한 한 사람의 인생을 통해 하나님이 세상을 변화시키시는 강력한 증거를 보여 준다. 그들의 헌신으로 가장 사악한 세력을 물리치고 수천 명의 목숨을 구할 수 있었다. IJM과 함께한 지난 10년 동안, 나는 하나님이 지금 이 시대에 일하시는 모습을 똑똑히 목격할 수 있었다. 그분은 불의로 고통받는 수많은 사람에게 정의를 가져다주셨다. 이 세상의 악한 세력을 물리치기 위해 우리가 할 수 있는 일이 아무것도 없다고 생각하는 사람은 나와 IJM 동료들이 지난 10년간 목격한 장면을 보지 못한 게 틀림없다. 하지만 때로는 변화받은 수많은 사람보다 소수의 사람들에게서 가장 큰 격려를 받기도 한다. 하나님이 이기신 극적인 변화의 주인공들 말이다.

8장
한 사람의 증거

위험한 세상에서 누군가를 사랑한다는 것은
이토록 가슴 아프게 자신의 약함을 느끼는 것이다.

―

한 사람의 이야기가 이 세상에 충만한 하나님의 사랑의 능력을 가장 잘 증명할 때가 많지만, 그런 이야기들을 끄집어내려면 노력이 필요하다. 나는 직업상 개발도상국의 극빈자들과 함께하는 시간이 많은데, 솔직히 말해서, 그들의 삶과 나의 삶은 너무 달라서 공통점을 찾기 힘들 정도다. 꼬질꼬질한 옷에 더러운 식수를 마시고 굶기를 밥 먹듯 하며 판잣집에 사는 그들과 비교할 때, 나는 외계 행성에서 온 사람이나 다름없다.

"위 아 더 월드"(We Are the World: 1985년 1월에 미국의 팝스타 마흔다섯 명이 "USA for Africa"를 결성하여 아프리카 난민을 위한 자선기금 마련을 위해 녹음한 곡—편집자)의 후렴구를 몇 소절 부르고 나면, 더 이상

이야기할 거리가 없다. 영양과 거주 환경, 의료 혜택, 치안 등의 측면에서 이 사람들보다 오히려 우리 집 강아지의 형편이 더 나으니 말이다. 툭 까놓고 말해서 그렇단 소리다. 그러니 도대체 무슨 대화를 나눌 수 있겠는가? 우리가 인간으로서 공유할 수 있는 경험이란 게 과연 있을까?

그런데 시간이 흐르면서 거의 전 세계적으로 통용되는 연결고리를 찾아냈는데, 그것은 바로 부모로서의 경험이다. 부모 노릇은 어떤 사람이든 다 그만그만한 것 같다. 특히 부모로서 느끼는 불가항력적인 무기력감은 모든 부모가 겪는 독특한 정서다. 세상 어느 부모나 자식을 끔찍이 사랑하지만, 자식에게 일어나는 일을 통제할 수 있는 사람은 아무도 없다(부자든 가난한 사람이든 마찬가지다).

물론, 아이들의 형편을 관리하는 능력이 남보다 조금 나은 부모가 있을 수는 있겠으나, 부모라면 누구나 이런 순간이 있을 것이다. 우리 마음이 다른 누군가의 곁을 맴돌면서도 일의 결과에 대해서는 속수무책인 경우 말이다. 의사로부터 검사 결과가 좋지 않다는 말을 들을 때, 인파로 북적이는 놀이공원에서 "아니, 나는 그 애가 당신이랑 같이 있는 줄 알았는데"라는 남편의 이야기를 들을 때, 경찰이 전화를 해서 딸아이의 교통사고 소식을 전해 올 때, 부모의 가슴은 철렁 내려앉는다. 그런 때는 당신이 어떤 사람이고 얼마나 잘 사는지는 전혀 의미가 없다. 당신은 모든 부모 된 자의 숙명인 불가항력적 무기력감에 사로잡히고 만다.

그래서 세계 어느 곳이건 부모들과 함께하는 자리에서 우리 아이들의 사진을 꺼내 보이면 늘 그윽한 공감의 미소가 되돌아온다. 서로 언어가 달라 말 한마디 나누지 못할 때도 눈빛만으로 이런 메시지를 교환할 수 있다. "아, 선생님도 아이들을 무척 사랑하시네요. 하지만 아이들이 늘 선생님 마음대로 되지는 않죠, 그렇죠?"

내가 사는 워싱턴 D.C.로 향하는 비행기 안에서도 나는 주변에 보이는 부모들에게 그와 같은 공감의 미소를 지어 보이려 애쓴다. 휴가를 맞아 새로 구입한 옷을 입고 아이들과 유아차, 과자와 색칠공부 책 사이를 동분서주하는 부모들은 이제 비행기에서 내려 오랫동안 기다려 온 휴가를 만끽할 것이다. 출장이나 다른 일로 워싱턴에서 출발하는 비행기를 타면, 이 부모들과 아이들을 또다시 마주친다. 이제 휴가를 마치고 집으로 돌아가는 그들은 피곤에 절어 얼굴을 알아보기 힘들 정도다. 동물 인형과 오렌지 주스가 자리에서 쏟아지고, 부모들은 고래고래 고함을 지르고, 아이들은 울며 발을 동동 구른다. 달콤한 휴가는 금방 끝이 나고 이제 다시 실수투성이 자녀 양육의 세계로 돌아가야 할 시간이다.

> 누구나 훌륭한 부모가 되고 싶어 하지만 현실은 녹록지 않다. 결국 우리에게 필요한 것은 은혜다.

스스로 생각하는 이상적인 부모상과 현재 본인의 모습 사이의 어마어마한 간극에 괴로워하는 이런 부모들을 보면서, 누구나 훌륭한 부모가 되고 싶어 하지만 현실은 녹록지 않다는 사실을 다시 한번 깨닫는다. 결국 우리에게 필요한 것은 은혜다. 이런 현상은 전 세계 어디서나 보편적이다. 잘살건 못살건 부모라면 자식을 사랑하는 마음 한편에 약함과 무기력감을 느끼게 마련이다. 자식을 너무나 사랑하지만 부모 마음대로 해 줄 수 있는 일은 별로 없다.

매리

이처럼 나와 전혀 다른 환경에 사는 개발도상국 사람들과 희한할 정도로 공감대를 형성하는 부분이 바로 자식 문제였다. 매리라는 캄보디아 여성을 예로 들어 보겠다. 프놈펜의 어느 불법 거주 지역에 사는 매리에게는 나와 마찬가지로 보파라는 사랑스런 딸이 있다. 그런데 그 딸이 벌써 몇 주째 행방불명이다.

    매리와 남편은 입에 풀칠하고 살기 바쁜 가난한 사람들이었는데, 동네 여자들이 열여섯 살 난 딸아이를 도시로 데려가 직업을 구해 주겠다며(새우 다듬는 일이라고 했다) 부부에게 접근했다. 보파를 멀리 보내기 싫었던 매리는 여러 차례 사양했다. 부모들이 다 그렇듯, 먼 곳에서 딸에게 무슨 일이 생길지 염려스러웠기 때문이다. 그런데 어느 날 갑자기 보파가 감쪽같이 사라졌다. 딸의 행방이 묘연해진 몇 주 동안 매리는 식음을 전폐했다. 친구들과 이웃들은 보파가 죽었을 거라고 했다. 매리는 "그럼 나도 죽은 목숨이나 마찬가지야"라고 했다.

    얼마 후, 매리는 충격적인 소식을 들었다. 어느 이웃이 자기 친구가 보파를 봤다는 말을 전해 준 것이다. 그런데 보파는 국경 너머 머나먼 태국 땅의 사창가에 잡혀 있었다. 보파에게 새우 다듬는 일을 소개해 준다던 동네 사람들은 사실 성매매자들이었다.

    그들은 가족의 생계를 돕기 원하는 보파를 끈질기게 설득했고, 보파는 어머니에게 알리지도 않은 채 그들을 따라 나섰다. 하지만 아시아 지역의 수많은 십대 소녀들처럼 보파도 집에서 수백 킬로미터 떨어진 곳의 사창가로 팔려 가고 말았다. 그곳에서 보파는 매를 맞아 가며 강제로 몸을 팔아야 했다.

딸의 소식을 들은 매리는 경찰서로 한걸음에 달려가 도움을 청했다. 하지만 경찰들은 이리저리 핑계를 대면서 매리에게 가당치도 않은 큰돈을 요구했다. "저희 집엔 돈이 없었어요. 그래서 아무것도 할 수 없었죠."

"아무것도 할 수 없었죠."

자, 당신이 누구인지, 어디에 사는지, 직업이 뭔지, 재산이 얼마인지는 상관없다. 자식이 곤란한 일을 당했다면, 당신과 매리는 이제 한 배를 탄 것이다. 곤경에 빠진 건 자식만이 아니다. 당신 마음이 다른 누군가의 몸 주변을 떠돌고 있으니, 이제 **당신도 곤경에 빠졌다. 당신이 못할 일은 하나도 없는데도**, 끔찍한 음모로 인해 매리처럼 "아무것도 할 수 없는" 상황에 봉착한다. 위험한 세상에서 누군가를 사랑한다는 것은 이토록 가슴 아프게 자신의 약함을 느끼는 것이다. 모든 사람이 그와 같은 절박한 심정을 공감할 수 있으리라 조심스레 추측해 본다. 굳이 자식이 아니더라도 사랑하는 사람(형제자매, 친구, 조카, 부모)이 곤경에 빠진 적이 있다면, 절망의 구렁텅이에서 그들과 함께 매여 있으면서도 아무것도 해 줄 수 없는 그 심정을 잘 알 것이다. 이처럼 절절한 사랑 때문에 가슴 아팠던 경험이 있는 사람이라면, 매리가 완전히 낯선 이방인으로 다가오지만은 않을 것이다. 매리는 우리가 모르는 낯선 사람이 아니다. 그녀 역시 자식 사랑이 지극하고, (우리 모두가 그렇듯) 도움의 손길이 필요한 한 인간이다. 다행히도, 매리 같은 엄마들을 도울 길이 있다.

IJM 캄보디아 지부장 케인 크리스티(Kaign Christy)에게 연락을 취해 그런 사건들을 처리하도록 하는 것은 그리 어렵지 않았다. 그도 보파와 비슷한 나이의 딸을 둔 아버지이기 때문이다. 또 그와 그의 IJM 동료들은 캄보디아 특수 경찰들을 훈련시켜 성매매를 비롯한 캄보디아 아동 범죄에 맞서 싸우도록 하고 있었다. 공감하는 아버지가 되는 것도 훌륭하지만, 그런 아버지가 든든한 경찰 조직까지 두고 있다면 더할 나위 없을 것이다. IJM 팀은 수사팀을 따라 경찰 파견대를 이끌고 국경을 건너 보파를 구하러 갔다. 거기서 보파와 함께 같은 성매매 조직에 납치되었던 아홉 명의 다른 여성과 아이들도 구출했다. 포주와 인신매매범 다섯 명도 붙잡아 유죄 판결을 내려 더 이상 소녀들이 희생되지 않게 했다. 이제 이 범죄자들은 아동 성매매 대신 감옥에서 세월을 보낼 것이다.

물론 매리에게는 딸이 무사히 돌아왔다는 사실이 가장 기쁘다. 보파는 IJM의 파트너인 요양 센터에서 잘 지내고 있다. 보파는 과거의 상처를 치유하면서 미래를 위해 직업 훈련도 받고 있다.

보파의 어머니가 이런 말을 전해 왔다.

보파가 행방불명되었을 때 얼마나 힘들었는지 모릅니다.…아무도 제 딸이 살아 돌아오리라고 생각지 않았죠. 저 혼자서는 이 일을 견뎌 낼 수 없었을 텐데, IJM이 든든한 지원군이 되어 주었어요. IJM과 경찰이 태국에 있는 딸아이를 구출했다는 소식을 들었을 때 저는 다시 태어난 듯한 기분이었어요. 지난 며칠간, 땅 위를 걷는 게 아니라 하늘 위를 둥둥 떠다니는 기분이었거든요.…지금 딸아이는 좋은 환경에서 좋은 교육을 받고 있습니다. 이제는 딸아이의 미래를 꿈꿀 수 있게 되었어요.

비너스 소코

자녀들의 미래를 꿈꾸는 것, 이것이 바로 부모가 자식들에게 가장 기본적으로 바라는 것이 아닐까. 그런데 그 소망이 조금씩 무너져 내리는 것을 무기력하게 바라볼 수밖에 없는 끔찍한 악몽을 견뎌야 하는 부모의 심정은 어떻겠는가. 비너스 소코(Venus Soko) 역시 명왕성 너머 태양계의 먼 행성처럼 느껴지는 개발도상국에 사는 가난한 사람이다. 그녀는 아프리카 남부에 위치한 잠비아의 아름다운 시골에 산다. 극심한 기아와 질병, 빈곤으로 피폐해진 그녀의 삶은 나 같은 사람과는 전혀 공통분모가 없어 보였다. 하지만 자식을 아끼는 마음만큼은 그녀나 나나 똑같았다. 그래서 비너스가 맞닥뜨린 상황을 나는 도저히 용납할 수가 없었다.

비너스는 질병으로 남편이 죽은 후 홀로 힘겹게 아이들을 부양하고 있었다. 그 부부는 원래 시장에서 작은 좌판을 벌여 음식과 다른 물건들을 팔았기에 넉넉지 않아도 아이들을 부양할 수는 있었다.

그런데 남편을 잃고 나니 비너스도 영락없이 힘없는 과부 신세가 되고 말았다. 지역의 폭력배가 비너스의 재산과 사업을 약탈해 갔기 때문이다. 비너스는 모두 탈탈 털렸다. 남은 것이라곤 그녀가 몇 달째 입고 있는 옷 한 벌뿐이었다. 집에는 석탄도, 음식도 남지 않았다. 영양실조로 장애인이 되어 가는 아들을 그저 지켜보기만 할 뿐이었다. 매리와 마찬가지로 비너스가 **못할 일은 하나도 없었지만**, 비쩍 마른 아들의 다리가 못쓰게 되는 것을 안타깝게 바라보는 것 외에 혼자서는 아무 일도 할 수 없었다. 비너스에게는 도움의 손길이 필요했다. 아프리카의 수많은 과부들이 그렇듯이, 비너스에게는 아이를 돌봐 줄 사람이 필요한 것이 아니다. 재산을 되찾을 수 있도록 누가 도와주기만 하면, 혼자서도 얼마든지 자녀를 잘 돌볼 수 있을 것이다.

고맙게도, 그리스도인들이 도움의 손길을 내밀었다. 몇 년 전 고인이 된 IJM 잠비아 지부장 클레멘트 무덴다(Clement Mudenda) 대령 역시 공감할 줄 아는 아버지였다. 게다가 이번에는 법원 명령을 요청할 수 있는 변호사였다. 이전에도 수많은 과부와 고아들을 구했던 이 IJM 지부장과 스태프는 비너스의 재산을 되찾아 주고 그녀가 장사를 다시 시작할 수 있도록 도와주었다. 비너스의 작은 카페는 나날이 성업 중이다. 이제는 자식들을 부양하고 남은 돈을 사업에 재투자하고, 아들의 치료를 위한 기본 병원비도 댈 수 있을 정도다. 동네 폭력배들에게 속수무책으로 당하기만 했던 과거와 달리, 더 이상 아들이 죽어 가는 모습을 지켜보기만 하지 않아도 된다. IJM은 법을 동원해 비너스의 편에 서 주었고, 잠비아 지역의 수많은 지도자들이 똑같이 자기 지역의 힘없는 과부와 고아들 편에 설 수 있도록 훈련하고 있다.

부모들의 바람은 소박하다. 자식들

> 부모들의 바람은 소박하다. 자식들을 위해 싸울 수 있는 기회가 주어지기를 바랄 뿐이다. 그런데 긍휼이 풍성한 그리스도인들이 비너스 같은 부모에게 바로 그 기회를 제공해 주고 있다.

을 위해 싸울 수 있는 기회가 주어지기를 바랄 뿐이다. 그런데 긍휼이 풍성한 그리스도인들이 비너스 같은 부모에게 바로 그 기회를 제공해 주고 있다. 자식을 위해 친구나 이웃, 의사의 도움을 받아야 했던 다급한 상황을 겪어 보지 않은 사람은 별로 없을 것이다. 감사하는 마음이 사무쳐 고맙다는 인사를 전했던 그때를 기억한다면, 우리가 비너스의 가정을 방문했을 때 그에게서 어떤 인사를 받았을지 짐작하고도 남으리라. 아무도 굳이 그렇게 감사해야 할 필요는 없지만, 때로는 그런 때가 있기 마련이다. 도움이 필요하지 않은 사람은 아무도 없기에.

나가라이

나가라이(Nagaraj)는 도움이 절실했다. 그는 자신이 끔찍이도 아끼는 세 아들의 아버지이지만, 아이들이 아파도 병원에 갈 수 없고, 아이들을 학교에 보내지도 못한다. 그 동네에 병원이나 학교가 없어서가 아니다. 나가라이와 자녀들이 다른 사람의 노예이기 때문이다. 그들은 벽돌 공장 내부 콘크리트 감방에 갇혀 살고 있다. 80명 남짓한 다른 노예들과 함께 나가라이와 그의 아내는 하루에 16시간씩, 일주일에 엿새 동안 벽돌을 만들고 나른다. 탈출을 시도하는 노예는 꼼짝없이 잡혀 와서 모든 사람이 보는 앞에서 뭇매질을 당해야 한다.

나가라이와 그 자녀들은 평생 벽돌 공장 노예로 살다가 죽을 것이다. 대개 어린아이들은 머리 위에 벽돌 한두 개를 나르는 것으로 시작해서(네 개씩 나르는 아이들도 있는데, 약 11킬로그램 정도다), 나중에는 35킬로그램에서 55킬로그램 무게의 벽돌을 나르게 된다. 하루에도 벽돌 공장 마당을 몇백 번씩이나 왔다 갔다 해야 하는 중노동이다. 그곳의 노예들에게는 눈을 뜨면 어제와 다름없는 하루가 끊임없이 반복될 뿐이다.

아이들의 필요를 채우고 아이들을 보호하고 싶은 것이 부모의 본능이다. 하지만 나가라이를 비롯해서 그와 비슷한 처지의 수많은 노예들은 자식을 끊임없는 노역과 학대에서 보호할 수 없다는 사실에 말할 수 없는 굴욕을 느낀다. 이런 부모들은 자식들을 '소유하지도' 못한다. 아이들은 엄연히 남의 소유다. 나가라이와 함께 지내 보니 그 역시 당신과 나와 똑같은 평범한 부모였다.

그런데도 나가라이는 그런 현실을 받아들이기 힘들어한다. 자기 자녀들과 마당의 가축들이 아무 생각 없는 존재를 위해 창조되었다고 생각하지 않는다. 그는 그 아이들을 사랑스러운 자기 자식으로 생각한다.

그의 마음은 끊임없이 분노에 휩싸인다. '어떻게 아이들을 병원에 데려다 줄 수 있을까? 어떻게 아이들을 학교에 보낼 수 있을까? 어떻게 아이들을 여기서 구출할 수 있을까?' 하지만 그에게는 도움의 손길이 필요하다. 평범한 부모들이 긴박한 상황에서 하는 것처럼, 그도 하나님께 단순히 부르짖는다.

감사하게도, 하나님이 그 가정의 기도에 응답하셨다. 하나님은 긍휼이 넘치는 어느 아버지의 마음을 움직이셔서 나가라이의 기도에 응답하셨다. 그는 이제 막 동남아시아 지역의 반노예 운동을 이끌기 위해 부임한 IJM 지부장이었다. 블레어 번즈(Blair Burns)는 나가라이의 자녀들과 비슷한 나이대의 어린 자녀를 둔 아버지다. 게다가 그에게는 전문 비밀 요원이 함께했다.

블레어는 이 비밀 요원들을 벽돌 공장에 잠입시켰다. 그들은 일하는 노예들의 모습과 함께, 탈출을 시도한 노예들을 어떻게 엄히 다스리는지 설명하는 감독관을 카메라에 담는 데 성공했다. 나가라이는 같이 일하는 노예들을 공장 밖으로 잠시 빼돌려 수사관들과 만나 법정 증언을 준비하도록 했다. 이렇게 확실한 증언을 확보한 다음, IJM은 경찰과 함께 공장을 급습하여 80명 남짓한 노예들을 구조해 낼 수 있었다. 공장은 폐쇄되고, 공장주는 고발된 상태다.

나가라이에게 가장 중요한 사실은 자녀들이 자유의 몸이 되었다는 것이다. 아이들은 이제 마음껏 놀고 학교에도 갈 수 있다. 나가라이에게 이것은 결코 작은 일이 아니다. 그의 자녀들은 이제 더 이상 남의 소유가 아니다. 아이들의 아빠도 이제 노예가 아니라 엄연한 자유인이다. 그는 아이들을 먹여 살리고 보호할 수 있다. 그는 이제 당당한 아빠다.

좋은 아버지, 좋은 남편, 좋은 사람이 될 수 있는 기회, 이것이 바로 그가 하나님께 간구한 전부였다. 이런 결과를 보신 하나님은 얼마나 기뻐하시겠는가. 자녀들을 사랑하고 기뻐하는 나가라이의 모습, 아내를 아껴 주는 모습, 자신의 벽돌 사업을 일구기 위해 열심히 일하는 모습, 새 인생을 설계하면서 노예에서 해방된 자들의 모임을 이끄는 모습, 다른 노예들을 구하기 위해 IJM에서 자원봉사자로 활약하는 모습. 이 모두가 그분의 기쁨이다.

싸울 기회

작은 도움이 있었기에 이런 결과가 가능했다. 나도 자식을 둔 부모이기에, 내 마음 또한 다른 누군가의 몸 주변을 떠돌고 있기에 그 심정을 이해한다. 이런 식으로 나는 전 세계의 부모들과 공통분모를 찾을 수 있다. 그들은 우리에게 기회를 달라고 한다. 자녀를 찾을 수 있는 기회, 자녀들에게 먹을 것을 줄 수 있는 기회, 자녀들을 보호할 수 있는 기회 말이다. 그들은 절대로 자신들 대신 이 일을 해 달라고 요청하는 법이 없다. 그들도 스스로 가족을 돌볼 수 있지만, 그 순간만큼은 싸울 기회를 얻도록 도와줄 손길이 필요한 것이다. 그런 기회를 주고 싶지 않은 사람이 어디 있겠는가. 그 기회가 옳고 선하고 기쁘기 때문이다.

간단히 말해서, 이 일이 하나님이 이 세상에서 우리에게 요구하시는 정의 사역이라고 할 수 있다. 그분은 매리와 비너스, 나가라이 같은 부모들을 위해 이 세상에서 어둠을 몰아내는 일에서 우리가 맡은 역할을 담당하기 원하신다. 좀더 구체적이고 실제적인 조언을 위해 책 마지막 부분에 부록을 수록했다. 하나님의 정의를 실현하는 위대한 여정에 당신도 참가할 수 있도록 도움이 될 것이다. 예수님은 우리를 통해 사람들의 인생이 달라질 수 있다는 사실을 우리가 깨닫기 원하신다. 그 과정 가운데 그분은 우리를 변화시키시고, 용기를 주시고, 하찮은 두려움이라는 어둠의 힘을 몰아내실 것이다.

9장
용기라는 선물을 붙잡으라

하나님은 용감한 사람이 되려고 애쓰지 말고 용감한 사람이 되기 위해 훈련을 받으라고 말씀하신다.

―

모든 사람의 내면 깊은 곳에는 용감해지고 싶은 열망이 내재되어 있다. 인간의 가장 진실하고 깊이 있는 열망이 그렇듯이, 이 또한 하나님이 우리에게 심어 놓으신 것이다. 용기, 즉 무섭고 어렵지만 옳은 일을 실천할 수 있는 능력은 인간의 영혼 깊숙한 곳에 깃들어 있다. 왜 그런지는 확실히 설명할 길이 없다. 실제로도, 창조주께서 우리 안에 불가해하면서도 지워지지 않는 특징으로 남겨 놓으셨다는 것 이외에는, 왜 우리가 용기 있는 사람이 되어야 한다고 생각하는지 분명하지 않다. 역경 가운데서도 옳은 일을 하는 사람은 왜 그렇게 아름다워 보일까? 반면, 왜 자신의 비겁한 모습에는 그토록 수치심을 느껴야 하는 것일까? 안전한 길보다는 바른 길을 택했다는 신넘이 내면의 자아에 중요한 까닭은 무엇일까? 그 답은 미스터리다. 하지만 이런 마음이 존재하는 것은 분명한데, 이것은 우리를 지으신 분의 본성과 기쁨에 대해 말해 주는 듯하다.

> 모든 사람의 내면 깊은 곳에는 용감해지고 싶은 열망이 내재되어 있다.

창조주께서 우리에게 허락하신 아름다움과 선함은 우리가 감히 상상조차 할 수 없을 정도로 영광스럽다. 용기에 관해서라면, 우리는 예수님의 용기를 떠올려야 한다. 그분은 거침없이 진리를 선포하셨고, 이기심 없이 사랑하셨으며, 전혀 위축되지 않고 십자가에 달리셨다. 그리고 우리도 그렇게 살도록 지음받았다.

하지만 우리는 비극적인 타락으로 창조주께서 의도하신 본래의 모습에서 멀어지고 말았다. 타락 이후로도 우리는 살아가면서 셀 수 없이 많은 반역을 저지른다. 이런 현실을 잘 아는 우리는 습관적인 절망감에 빠진다. 그러나 흥미롭게도, 우리가 원래의 모습에서 얼마나 멀어졌느냐보다는 우리의 남은 열망이 얼마나 강력하느냐가 관건이다. 그 모든 과거에도 불구하고, 우리는 여전히 용감해지기를 바란다. 하나님이 의도하신 용기와 선함을 기억할 때마다 우리 영혼은 노래하고, 실패를 목격할 때마다 눈물을 흘린다. 할렐루야! 용기에 대한 열망이 아직도 우리 안에서 용솟음친다. 우리가 그 나지막한 소리를 무시하고 억누르고 부인할지언정, 계속해서 우리 안에서 울려 퍼지고 호소하며 갈망하고 울어 댄다. 과거의 역사가 아니라 우리의 갈망이 우리의 진정한 정체성과 이상적인 모습을 더 잘 말해 준다.

은혜로우신 하나님은 지금도 우리 앞에 용기와 담대함으로 향하는 길을 놓아 주신다. 문제는, 우리가 어떻게 하면 이 은혜를 받을 수 있도록 준비될 수 있느냐 하는 것이다. 그 길은 우리가 노력해서 얻는 것이 아니라 온전한 선물이며, 지금 우리 앞에 주어졌다. 이 예상치 못한 은혜의 길을 따를 기회를 붙잡을 것인가? 그 여행에 대비하려면 **우리는** 어떻게 해야 하겠는가?

나와 동료들이 IJM에서 사역하면서 이 용기의 은혜를 붙잡기 위해 어떻게 준비했는지 세 단계로 설명해 보려고 한다.

행동은 줄이고 묵상과 기도는 늘려라

현재 당신의 삶과 걱정거리 그리고 하나님이 당신에게 원하시는 삶을 생각해 보라. 앞에서도 말했듯이, 생사를 다투는 긴급한 일로 분주하면서도 IJM에서는 매일 아침 30분 동안 모든 일을 중단하고 조용히 앉아 묵상과 기도로 하루를 시작한다. 그리고 나서 오전 11시에 또 기도 모임을 갖는다. 하루도 빠짐없이 그렇게 한다.

우리의 두려움은 매우 뿌리가 깊어서 그 두려움의 실체를 밝히려면 조용한 시간이 필요하다. 다른 사람을 구조하는 일에 준비되기 위해서는 가장 먼저 하나님이 우리를 구원하신다는 사실을 깨닫고 받아들여야 한다.

사람들은 예수님이 우리를 심판과 죄와 죽음에서 구하셨다고 **말하면서도**, 실제로는 스스로를 구하려고 안간힘을 쓴

> 사람들은 예수님이 우리를 심판과 죄와 죽음에서 구하셨다고 말하면서도, 실제로는 스스로를 구하려고 안간힘을 쓴다.

다. 자신만만하고 대담한 행동 뒤에는 사실 우리를 겁에 질리게 하는 것들을 감추려는 의도가 숨어 있는 경우가 많다. 일정한 자격을 갖추지 않으면 하나님이 나를 받아 주시지 않을 것 같은 두려움. 일에서 만점을 받지 못하면 사람들이 나를 사랑해 주지 않을 것 같은 두려움. 내가 하는 일의 가치를 질과 양으로 측정할 수 없다면 내 인생이 헛되지는 않을까 하는 두려움.

이런 것들을 확보하면 당신은 정말 중요한 사람이 되는 것일까? 거기 산다고 해서? 승진한다고 해서? 그 모임에 속한다고 해서? **그것이 아니라면**, 우주의 창조주가 당신을 만드시고 구속하셨기에 당신이 중요한 사람이 되는 것인가?

그러므로 우리에게 필요한 첫째 단계는 우리가 그리스도 덕분에 구원받았다는 사실을 진심으로 받아들이는 것이다. 우리를 만드신 창조주요 우리를 위해 죽으시고 구속하신 사랑의 하나님이 아무런 조건 없이 우리의 (절대로 변함없는) 가치를 인정하신다는 은혜의 자리로 돌아가야 한다. 하나님이 우리를 진정으로 돌보신다는 사실을 깨닫지 못하면, 우리의 도움을 필요로 하는 세상에도 아무런 도움이 될 수 없을 것이다.

말씀에서 약속을 찾고 위험을 감수하라

그리스도의 말씀에서 그분을 찾아 그 말씀이 진실한 분인지 살펴보라. 중요한 결정을 앞두고 고민하고 있다면, 잠시 묵상하면서 이런 질문을 던져 보라. "나는 용감한가, 아니면 안전을 찾고 있는가?" 결국, 그 답은 우리가 하나님을 신뢰할 만한 분으로 생각하느냐에 달려 있다.

대다수의 사람에게 근본적인 질문은 이런 것이다. "나는 그리스도인의 삶에서 공격수인가 수비수인가?" 자기 골문을 방어하기에 급급한 많은 그리스도인은 득점하는 기쁨을 잊어버렸다. 우리의 재산, 명성과 지위, 자녀, 이념과 투자에 무슨 일이라도 생길까 전전긍긍하는 사이, 이 모든 것으로 그리스도를 위해 살 수 있다는 사실은 까맣게 잊는다. 우리가 가치 있게 여기는 모든 소유는 **안전하게 보호해야** 할 것들이 아니라 **위험을 감수하면서 사용해야** 할 것들이다. 왜냐하면 우리는 생사를 가르는 전쟁 중에 있기 때문이다(엡 6:10-13). 그렇기 때문에 예수님이 말씀하신 어느 비유에서, 주인이 맡긴 재산을 안전하게 보호했다고 보고하는 종에게 주인은 "악하고 게으른 종아"(마 25:26)라고 꾸짖었다.

그뿐 아니라 예수님은 하나님 나라 사역을 하시면서 "죽음의 문들이 그것을 이기지 못할 것이다"(마 16:18, 새번역)라고 약속하신다. 다른 말로 하면, 악의 세력이 아니라 하나님이 공격하신다는 이야기다. 예수님에 따르면, 지옥 권세는 확실히 패배한 쪽이다. 그런데 어떤 그리스도인들의 이야기를 가만히 들어 보면, 지옥이 공격하는 쪽이고 우리는 방어하는 쪽이라는 생각이 든다. 물론, 문은 절대 공격하지 않는다. 문은 움직이지 못하고, 밖에서 들어오지 못하게 막을 뿐이다.

또 다른 비유에서 예수님은 어둠의 세력이 빛의 세력을 이기지 못한다고 말씀하신다. 빛의 속성이 그렇다. 빛과 어둠이 만나면, 항상 빛이 이기게 마련이다. 한 치 앞도 보이지 않는 어두컴컴한 방에 창문도 없이 문만 하나 있다고 해 보자. 문은 닫혀 있다. 문밖 복도에는 환한 빛이 비추고 있다. 문이 열리면 어둠이 빛을 몰아낼까, 빛이 어둠을 몰아낼까? 당연히 빛이 어둠을 몰아낸다. "우리가 그에게서 듣고 너희에게 전하는 소식은 이것이니, 곧 하나님은 빛이시라. 그에게는 어둠이 조금도 없으시다는 것이니라"(요일 1:5).

꼼짝없이 어둠에 사로잡혀 하나님의 선하심을 의심하는 사람이 있는가? **찾아가라!** "이같이 너희 빛이 사람 앞에 비치게 하여 그들로 너희 착한 행실을 보고 하늘에 계신 너희 아버지께 영광을 돌리게 하라"(마 5:16).

몸은 죽여도 영혼은 능히 죽이지 못하는 자들을 두려워하지 말고 오직 몸과 영혼을 능히 지옥에 멸하실 수 있는 이를 두려워하라. 참새 두 마리가 한 앗사리온에 팔리지 않느냐? 그러나 너희 아버지께서 허락하지 아니하시면 그 하나도 땅에 떨어지지 아니하리라. 너희에게는 머리털까지 다 세신 바 되었나니 두려워하지 말라. 너희는 많은 참새보다 귀하니라. (마 10:28-31)

성경의 약속을 붙잡으라. 위험을 감수하고 그 말씀이 사실인 것처럼 살아 보라. **그 말씀은 정말 사실이다.** 용감한 일을 할 때 용기가 찾아온다.

영성 형성과 개혁을 평생 게을리하지 마라

단순한 의지만으로는 용감한 사람이 되기 힘들다. 마음의 개혁이 필요하다. 하나님은 용감한 사람이 되려고 **애쓰지** 말고 용감한 사람이 되기 위해 **훈련을 받으라고** 말씀하신다. 하루아침에 목표를 달성하지는 못하겠지만, 하나님의 은혜로 10년 후에는 좀더 용감한 사람이 될 수 있을 것이다. 나와 IJM 동료들에게 크게 도움이 된 책을 세 권 소개하고 싶다. 달라스 윌라드의 『하나님의 모략』(*Divine Conspiracy*, 복있는사람)과 『마음의 혁신』, 존 오트버그(John Orgberg)의 『평범 이상의 삶』(*The Life You've Always Wanted*, 사랑플러스)이다.

하나님은 우리 마음의 간절한 소원을 존중하시고, 실제적인 대안들로 인간의 품위를 지켜 주신다. 정의를 위한 싸움을 소개하시면서 우리의 창조주는 이렇게 물으신다. "용감하고 싶으냐, 안전하고 싶으냐?" 예수님은 우리에게 선택권이 있다는 사실을 알리고, 우리가 즐겁게 선택할 수 있도록 돕기 원하신다. 가장 중요한 것은, 그분이 우리를 너무나 아끼시기에 우리가 용기를 택해도 얼마든지 안전하다는 사실을 알려 주기 원하신다는 사실이다.

『사자와 마녀와 옷장』(*The Lion, the Witch and the Wardrobe*, 시공주니어)에서 루시가 아슬란의 이야기를 맨 처음 들었을 때 뭐라고 했는지 기억하는가? "아슬란은 안전한가요?"라고 묻는 루시에게 "물론 안전하지 않아요. 그렇지만 좋은 분이에요"라는 대답이 돌아온다. 그 사자를 따라 세상으로 향하는 여정이 결코 안전하지만은 않을 것이다. 하지만 좋을 것이다. 기대 이상으로.

10장

안전을 택할 것인가, 용기를 택할 것인가?

하늘 아버지는 나를 너무나 사랑하시기에 진실을 알려 주신다.
용감한 동시에 안전한 사람은 될 수 없노라고 말이다.

―

최근 내 삶의 가장 큰 활력소는 어린이 미식축구를 지도하는 일이다. 여기서 '어린이'란 만 7-9세의 남자아이들을 말하고, '미식축구'란 헬멧, 어깨 보호대, 마우스피스 등의 장비를 완전히 갖추고 서로 상대방을 넘어뜨리려고 힘쓰는 운동을 가리킨다. 얼마나 재밌는지 모른다.

어린이 미식축구에서 가장 흥미로운 대목을 시즌 초반에 볼 수 있다. 처음으로 미식축구를 시작한 아이에게는 미식축구가 **몸을 부딪히는** 운동이라는 사실을 깨닫는 마법 같은 순간이 찾아온다. 아이는 텔레비전으로 경기를 볼 때는 커다란 운동장에서 벌어지는 파티쯤으로 짐작했을지도 모른다. 아나운서와 해설자의 달변을 들으면서 미식축구에서는 명석한 경기 분석이 중요하다고 생각했을지도 모른다. 그런데 막상 첫 주 연습에 참가하고 보니(아직 장비를 나누어 주기 전이다) 미식축구는 장애물을 피하고 패스를 받으면서 빨리 달리는 것이 전부인 것만 같다.

 그리고 드디어(와, 드디어) 번쩍이는 헬멧과 널찍한 어깨 보호대, 새 유니폼을 받는다. 아이는 장비를 들고 쏜살같이 집으로 달려가 가족들에게 보여 주고, 밖으로 나가 친구들에게 자랑한다. 이 단계에서는 멋진 장비만 있으면 그걸로 충분하다. 미식축구는 폼 나는 유니폼이 중요하니까. 그리고 나서 정식 연습일이 돌아오면, 이 미식축구 새내기는 계속되는 충격과 의도적인 충돌(하지만 어느 쪽도 사과할 필요는 없다)에 어쩔 줄을 모른다. 순식간에 현실에 눈뜬 이 아이는 미식축구가 **몸싸움**이 치열한 운동이란 사실을 깨닫는다.

 바로 그때, 이 아이는 결단을 해야 한다. '나는 정말로 미식축구 선수가 되고 싶은가 아닌가?' 때로는 정확한 선택을 위해 다른 사람의 도움을 받아야 한다. 나도 어머니의 도움을 받아 선택을 했던 기억이 있다.

 난생처음 미식축구를 접한 지 얼마 되지 않았을 무렵, 연습을 마치고 집으로 돌아오는 길에 나는 엄마에게 이 정도면 됐다고 말씀드렸다. "더 이상 연습에 안 갈래요." 아홉 살짜리 아들을 대충 파악하고 계신 어머니는 "그래" 하고 간단하게 대답하셨다. 내가 확실히 그만두겠다는 의사 표현을 하지 않고 가만히 있자, 어머니는 나를 잠시 내버려 두셨다가 이렇게 말씀하셨다. "그럼 유니폼과 장비는 내일 감독님께 돌려 드리면 되겠구나." 어머니의 말씀에 나는 가슴이 철

링 내려앉았다. 내가 **얼마나** 미식축구를 사랑하는데. 적어도 **머리로**는 미식축구를 얼마나 사랑했는지 모른다. 더구나 유니폼을 입은 내 모습이 얼마나 근사했는지 모른다. 유니폼만 입고 몸싸움은 별로 안 하는 그런 선수가 될 길은 없을까. 그러나 우리 어머니는 몸싸움이야말로 미식축구의 핵심이라는 사실을 내가 똑똑히 볼 수 있게 해 주셨다. 그렇게 해서 어머니의 격려로 처음 몇 차례 충돌의 충격을 잘 넘긴 후에는, 진정한 선수로 거듭날 수 있었다. 미식축구의 핵심이라는 몸싸움을 정말 즐기게 되었기 때문이다.

어머니가 유니폼만 걸치면 됐지 부딪히고 멍드는 일은 요리조리 피해도 괜찮다고(미식축구 선수 **흉내만** 내라고) 말씀해 주셨다면 내가 잠시 동안은 고마워했을지도 모른다. 몸싸움을 피하는 미식축구 선수도 얼마든지 가능하다고, 그러니 둘 사이에서 고민할 필요가 없다고 하셨을 수도 있었을 것이다.

하지만 그건 사실이 아니었다. 다행히도 어머니는 거짓을 둘러대는 식으로 나를 사랑하지는 않으셨다. 그 덕에 나는 내 어린 시절의 가장 큰 기쁨을 찾을 수 있었다. 훌륭한 부모는 자녀들이 인생에서 내리는 결정이 가져오는 결과를 분명히 볼 수 있게 도와준다.

결정에 따른 결과를 분명히 알라

우리의 하늘 아버지이신 하나님은 훌륭한 부모이시다. 우리를 사랑하시기에 인간 부모와 마찬가지로 우리가 인생의 중요한 결정 사항들을 분명히 볼 수 있도록 도우신다. 그 말씀이 늘 듣기 좋은 소리는 아니지만, 그분이 우리에게 진실을 말해 주시고 가장 좋은 것을 감추지 않으신다는 사실이 얼마나 미더운지 모르겠다.

여기, 하나님 아버지가 그리스도인들에게 이해시키고자 하시는 선택이 한 가지 있다. 나는 이것이 우리 시대에 **가장 중요한** 선택이라고 믿어 의심치 않는다. "우리는 용감한 사람이 되고자 하는가, 안전한 사람이 되고자 하는가?" 하늘 아버지는 우리가 둘 다 될 수는 없음을 부드럽고도 다정하게 가르쳐 주신다.

> "우리는 용감한 사람이 되고자 하는가, 안전한 사람이 되고자 하는가?" 하늘 아버지는 우리가 둘 다 될 수는 없음을 부드럽고도 다정하게 가르쳐 주신다.

그런가 하면 모든 인간은 용감한 사람이 되고자 하는 큰 열망을 간직하고 있다. 솔직히 말해서, 비겁한 것보다 더 추하고 보기 싫은 모습이 또 있을까? 우리는 대담한 사람들을 우러러보고 찬양한다. 문학과 예술 작품, 영화에서 용감한 마음을 지닌 사람들을 보고 감동한다. 우상을 숭배하는 왕 앞에서 모든 백성이 벌벌 떨며 무릎 꿇을 때 이 사람은 이렇게 차분하게 말한다. 누군들 그와 같이 되고 싶지 않을까?

느부갓네살이여, 우리가 이 일에 대하여 왕에게 대답할 필요가 없나이다. 왕이여, 우리가 섬기는 하나님이 계시다면 우리를 맹렬히 타는 풀무불 가운데에서 능히 건져 내시겠고 왕의 손에서도 건져 내시리이다. 그렇게 하지 아니하실지라도 왕이여, 우리가 왕의 신들을 섬기지도 아니하고 왕이 세우신 금 신상에게 절하지도 아니할 줄을 아옵

소서. (단 3:16-18)

우와, 나도 이런 사람이 되고 싶다. 하지만 마음 한구석에서는, 그렇게 되고 싶지 않다는 생각도 든다. 이런 단호한 말을 해야 할 만한 상황에 처하고 싶지 않단 소리다. 용감한 사람이 되고 싶지만, 안전한 사람도 포기할 수 없다. 그러나 하늘 아버지는 나를 너무나 사랑하시기에 진실을 알려 주신다. 용감한 동시에 안전한 사람은 될 수 없노라고 말이다. 하나님은 내가 양단간에 결정을 내려야 한다고 분명히 말씀하신다. 그리고 내가 안전 대신 용기를 선택하기를 바라신다.

이것은 도대체 무엇을 뜻하는가? 하나님의 뜻이 무서워 보일 때 우리는 어떻게 행동해야 하는가?

우리는 가장 먼저 이렇게 질문할지도 모른다. 정말 하나님의 뜻이라면 무서울 수가 있을까? 하나님은 우리를 돌봐 주시는 분 아닌가? 우리를 위험에서 보호해 주시는 분이 아니냐는 말이다. 내가 이토록 무서워한다면 그것은 하나님의 뜻이 아닐지도 모른다.

글쎄, 예수님의 말씀에 따르면, 그 답은 아니올시다이다. 타락한 세상에서 하나님의 뜻을 행하는 일은 필연적으로 위험할 수밖에 없다. 성경에서 예수님은 자신을 따르는 제자들은 고난을 받을 것이라고 반복해서 가르치신다. 물론, 예수님을 따르는 **덕에** 여러 가지 고통(죄책감, 자기 파괴, 중독, 지옥의 고통 등)을 **피할 수** 있다. 하지만 예수님을 **따르기 때문에** 맞닥뜨리는 고난도 있을 것이다. 예수님은 이 점을 분명히 하기 원하신다. 사도 베드로는 이렇게 말한다.

또 너희가 열심으로 선을 행하면 누가 너희를 해하리요? 그러나 의를 위하여 고난을 받으면 복 있는 자니…선한 양심을 가지라. 이는 그리스도 안에 있는 너희의 선행을 욕하는 자들로 그 비방하는 일에 부끄러움을 당하게 하려 함이라. 선을 행함으로 고난받는 것이 하나님의 뜻일진대 악을 행함으로 고난받는 것보다 나으니라.

(벧전 3:13-14, 16-17)

분명 하나님의 뜻에 합당한 고난이 있다. **고통** 그 자체가 하나님의 뜻일 필요는 없지만, 타락한 세상에서 하나님의 뜻을 따르다 보면 우리 삶에 고난이 나타날 때가 있다. 그중에서도 언제나 하나님의 뜻이면서 위험한 일이 두 가지 있다면, 바로 진실을 말하는 것과 궁핍한 사람들을 사랑하는 것이다.

사실 예수님을 따르고 있는데 위험하지 않다면, 내가 따르는 분이 과연 예수님인지 멈춰서 확인해 볼 필요가 있다. 미식축구 경기 중인데도 몸싸움이 없다면, 내가 정말로 운동장에서 뛰고 있는지 확인해 볼 일이다. 예수님이 하신 일을 따르는 것, 즉 진실을 말하고 궁핍한 사람들을 사랑하는 것은 거짓과 이기심이 만연한 세상에서 위험한 일일 수밖에 없다.

> 예수님이 하신 일을 따르는 것, 즉 진실을 말하고 궁핍한 사람들을 사랑하는 것은 거짓과 이기심이 **만연한 세상에서 위험한 일일 수밖에 없다.**

예수님이 우리에게 요구하시는 위험한 행동(궁핍한 사람들을 사랑하는 일)을 좀더 자세히 살펴보자. 예수님을 따른다는 것은 바로 이 일을 행하는 것임을 분명히 해야 한다. 예수님은 율법과 예언자의 모든 가르침을 두 가지 명령으로 요약할 수 있다고 말씀하셨다. 그 두 가지가 바로 하나님 사랑과 이웃 사랑인데, 특히 이웃 사랑을 강조하셨다. 요한1서 4:20은 그 점을 분명히 한다. 눈에 보이지 않는 하나님을 사랑한다고 주장하면서 눈에 보이는 이웃을 사랑하지 않을 수 없다는 것이다. 곤경에 빠진 사람들을 돕지 않는다면, 하나님의 사랑이 내 안에 없는 것이다. 미식축구가 몸싸움이라면, 예수님을 따르는 것은 궁핍한 사람들을 사랑하는 것이다.

궁핍한 사람들을 사랑하는 것은 안전하지 않다. 나도 어려운 사람들을 가능한 멀리하고 싶다. 가족이나 친지 중에 어려운 사람들, 교인 중에 가장 상처가 큰 사람들, 먼 동네에 사는 사람들 중에 가장 힘없는 사람들을 생각해 보라. 그런 사람들과 함께 있어 주고, 그들을 사랑하고 섬기는 일은 불편한 일이다. 그런 일은 지저분하고 깔끔하지 못하며 안전하지 못하고, 심지어 위험하기까지 하다.

그런데도 예수님은 그런 곳에서 가장 큰 기쁨을 발견할 수 있다는 역설적인 말씀을 남기셨다. 나와 동료들이 IJM에서 경험한 바를 봐도, 그 말씀이 맞다. 위험한 일이기는 해도, 그분의 말씀은 틀림없는 사실이다. IJM에서는 특히 폭력과 학대, 압제로 고통당하는 이웃들을 사랑하기 위해 힘쓴다. 그것은 결코 안전한 일이 아니다.

존 리치먼드

동남아시아 정미소에 노예로 붙잡혀 있는 우리 이웃(3장을 보라)을 어떻게 사랑할 수 있을까? 그것은 과연 안전한 일일까?

존 리치먼드(John Richmond)는 버지니아주 로아노크에서 로펌을 운영하는 잘나가는 젊은 변호사였다. 그러던 어느 날, IJM에서 샤이비아(Shaibya)와 그의 가족 같은 노예들을 도와줄 변호사를 구한다는 소식을 들었다. 그들은 어느 정미소에 3년간이나 노예로 감금되어 있었다. 폭력을 휘두르는 노예 소유주들을 상대하기 위해 아내와 어린 자녀들을 데리고 개발도상국으로 거처를 옮기는 것이 결코 안전한 선택은 아니었다. 그러나 때로 하나님의 뜻은 무서운 법이다. 하나님은 상처받은 사람들을 사랑하기 위해 용기와 안전 중에서 결단하라고 하신다.

이웃 사랑은 위험할 뿐 아니라 그리 현명한 선택으로 비쳐지지도 않는다.

세계를 반 바퀴 돌아 IJM에서 전임으로 일하겠다는 계획을 이야기하자 동료들은 하나같이 그를 비웃었다.

"노예를 구하러 가겠다니 도대체 무슨 소리야? 말도 안 되는 일이라고."

"불구덩이 속으로 들어가는 거나 다름없어요."

"가족들이 위험에 처할 거예요."

"미래가 없는 일이야."

"왜 그렇게 바보 같은 생각을 해?"

똑똑해 보이기를 포기하고 용기를 선택한 사람들은 똑똑해 보이지만 비겁한 사람들에게는 매우 위험한 존재다. 그래서 그들의 선택은 축하를 받기는커녕 수많은 공격을 받게 마련이다. 성경도 우리에게 그런 결과가 닥칠 거라고 말해 준다.

그러나 샤이비아를 비롯하여 노예로 붙잡힌 많은 사람에게 그리스도의 사랑을 보여 주려면 그런 처우쯤은 예상해야 한다. 그러니 결단할 수밖에. "이웃을 사랑할 것이냐, 똑똑해 보이는 사람으로 남을 것이냐?" 어려움에 빠진 사람을 돕는 일은 그리 현명해 보이지 않는다. 그런데 안타깝게도, 수많은 문화권의 사람들은 바로 이 점을 가장 두려워한다. 바보처럼 보일까 봐, 순진해 보일까 봐, 촌스러워 보일까 봐, 지나치게 열심 있는 사람으로 보일까 봐, 패배자로 보일까 봐 두려워한다.

마지막으로, 샤이비아 같은 사람들을 사랑하려고 애쓰는 것은 위험하고 멍청해 보일 뿐 아니라 성공한 사람으로 비치지도 않는다.

대개 어려운 사람들을 돕는 일은 보상이 많지 않다. 외국에서 사역을 마치고 일시 귀국한 존에게는 재산도 명예도 없다. 그러나 샤이비아는 이제 자유의 몸이다. 존은 수사관들을 보내 대담한 비밀 작전을 수행하여 정미소 내부의 폭력 행위를 폭로했다. 곧이어 경찰을 급파해 노예들을 구출하고 노예주들을 고발했다. 나는 샤이비아를 비롯한 노예들이 더 이상 자신들이 노예가 아니라 자유의 몸이라는 사실을 증언하는 자리에 함께했었다. 존과 동료들은 그들에게 토지와 주택, 가축과 소액 대출을 마련해 주어 위엄 있는 미래를 건설해 가도록 도와주었다. 나는 그 모든 과정을 두 눈으로 직접 확인했다.

이 일은 우리 문화에 만연한 성공의 기준과는 거리가 멀지만, 우리 구세주의 성공 기준에는 꼭 들어맞는다. 그리스도에 따르면, 사랑으로 사람들의 인생을 변화시키는 일이야말로 이 세상에서 가장 중요한 일이다. 그런 삶이 정말로 의미 있다.

겉보기에는 실패한 것 같지만 실상은 의미 있는 삶이었다는 사실을 역사가 증명해 주는 경우도 있다. 예를 들어, 1850년대의 사고방식으로는 해리엇 터브먼(Harriet Tubman)을 성공한 사람으로 보기 힘들었다(기차로 수많은 노예의 탈출을 도운 그녀 역시 탈출에 성공한 일자무식 노예 출신이었다). 그러나 오늘날 미 전역의 초등학생들은 해리엇의 인생을 중요한 모델로 생각한다. 그 점을 고려한다면 존 리치먼드의 사역은 훨씬 더 놀라울 수밖에 없다. 존은 해리엇 터브먼보다 무려 네 배나 많은 노예를 해방시켰으니 말이다. 천만다행으로, 해리엇 터브먼과 달리 존에게는 법이 든든한 지원군이 되어 주었지만, 동남아시아의 폭력적인 벽돌 공장과 정미소, 농장들에 법의 영향력이 미칠 수 있도록 누군가 도와줄 사람이 필요했다. 그리고 하나님의 부르심을 받아, 존이 그 일을 담당했다.

상처받은 세상에서 이처럼 중요한 일을 감당할 기회는 수없이 많다. 실제로 존과 그의 팀은 그리스도인으로서는 150년 만에 처음으로 가장 심각한 노예제와의 전쟁을 선포했다. 그리고 이 일은 존이 훈련한 동남아시아 지도자들이 계속해서 감당하고 있다. 이제 그들은 각자가 사는 지역에서 이 싸움을 계속한다.

때로 하나님의 뜻은 무서워 보인다. 우리에게 성공한 것처럼 보이는 삶과 정말로 의미 있는 삶, 또래 집단의 박수를 받는 삶과 사랑으로 수많은 사람의 삶을 변화시키는 삶 중에서 선택하라고 요구하시기 때문이다.

다시 한번, 예수님은 이 점을 분명히 하신다. "누구든지 제 목숨을 구원하고자 하면 잃을 것이요 누구든지 나를 위하여 제 목숨을 잃으면 구원하리라"(눅 9:24).

숀 리튼

또 다른 내 동료요 명석한 변호사인 숀 리튼(Sean Litton)은 스스로를 가리켜 "미친 과학자"라고 말한다. 예수님의 가설은 이렇다. 목숨을 잃으면 목숨을 얻을 것이다. 그래서 제대로 미친 이 과학자는 자신을 먼저 시험대에 올리기로 작정했다. 국내 최고 로펌의 잘나가는 변호사 자리를 내던지고 IJM에서 일하기로 한 것이다. 숀은 아동 성폭력, 성매매, 불법 구류 등을 해결하기 위해 IJM 최초로 필리핀에 지부를 열었다. 그런 다음, 아내와 두 아이도 함께 필리핀으로 옮겨와 자기 실험에 동참케 했다. 숀은 자신의 실험을 이렇게 설명했다.

IJM은 외국에 나갈 사람이 필요했습니다. 제 분야에서 최고의 위치에 있었으니, 원하는 건 뭐든 맘대로 할 수 있었어요. 나가는 것은 별로 두렵지 않았지만, 돌아왔을 때가 문제였죠. 서너 해쯤 해외의 작은 기독교 단체에서 일하면, 돌아와서는 형편없는 사람들과 일하는 형편없는 직업에, 형편없는 집에 살면서 형편없는 옷을 입고 형편없는 차를 몰며 형편없는 커피를 마셔야 하겠지요.

하지만 끔찍한 환경에서 매춘을 강요받는 한 어린이를 구할 수만 있다면, 이 정도 희생쯤이야 아무것도 아니라고 생각했습니다. 사창가에 갇혀 하루에도 대여섯 명씩 강제로 손님을 받아야 하는 어린아이의 일상적인 학대와 고통에 비교한다면, 제가 감수하는 손해는 정말 아무것도 아니었습니다.

"그건 감정이 아니라 셈과 비슷했습니다." 숀이 계속해서 말했다. "하나님이 어떻게든 내게 필요한 것을 공급하시고 그 일을 하면서 기뻐할 수도 있겠다는 믿음은 미처 없었습니다. 그저 외롭고 괴로울 수 있겠구나 싶었습니다. 그래도 그 한 어린아이를 구하기 위해 이 일을 시작했습니다."

그런데 숀이 필리핀에 첫 지부를 설립하고, 태국을 비롯한 동남아시아 전역에 사무실을 세우고 일하면서 무슨 일이 벌어졌는지 아는가? 하나님은 숀을 통해 수백 명이 넘는 여성과 소녀들을 성매매에서 구출하셨고, 한때 아동 매춘의 온상이었던 한 도시에서 아동 성매매를 근절하게 하셨다.

이 모두가 크신 하나님의 능력을 힘입어 일어난 일이었다. 하나님은 안전보다는 용기를 택한 지극히 평범한 한 사람을 사용하셔서 이 역사를 이루셨다.

숀의 기억에 생생하게 남은 사람은 그의 팀이 구해 낸 수백 명의 사람들이 아니라 상처받은 한 소녀였다. 숀은 이렇게 말했다. "2년 동안 강간을 당하면서도 아무 도움을 받지 못했던 열다섯 살 소녀의 눈을 들여다보면서 이렇게 말해 주었습니다. '하나님은 너를 사랑하셔. 하나님이 너를 사랑하셔서 아저씨를 보내신 거야. 앞으로 무슨 일이 일어날지 모르지만, 아저씨가 널 대신해 싸워 줄게.'" 소녀를 강간했던 사람은 경찰관의 아들이었는데, 20년형을 받고 교도소에 수감 중이다. 이 열다섯 살 소녀는 이제 아름다운 스무 살 여인이 되어 대학에서 사회사업을 공부하고 있다. 졸업 후에는 학대받는 아이들을 돕고자 하는 소망이 있다. 실제로 그녀는 IJM의 스타 위트니스(STAR Witness) 프로그램을 돕고 있다. 이 프로그램은 공공 사법 제도를 통해 가해자들을 만나고 회복 과정에 있는 성폭력 피해 아동들의 멘토링을 돕는다.

예수님은 "누구든지 나를 위하여 제 목숨을 잃으면 찾으리라"라고 말씀하셨다. 숀은 그 말씀을 시험해 보고, 예수님의 약속이 틀림없다는 사실을 알게 되었다. 그러나 하마터면 그 기회를 놓칠 뻔했다고 말한다. 도대체 무엇이 그를 방해했던 것일까? 그는 네 가지를 언급한다.

1. 안락: 만족스럽고 행복한 상태. 이게 어떤 상태인지는 잘 알 것이다. 좋은 베개와 소파, 에어컨과 바닐라 라테.
2. 안전: 위험이 없는 상태.
3. 통제: 원하는 결과를 얻기 위해 상황과 사건을 지배하는 능력을 지닌 상태.
4. 성공: 부와 또래 집단의 존경심을 얻는 상태.

안락, 안전, 통제, 성공. 숀은 예수님이 약속하신 삶을 얻기 위해 이 네 가지를 포기해야 했다.

그리고 숀은 그 대가로 다음 네 가지를 얻었다.

1. 모험
2. 믿음
3. 기적
4. 예수님을 깊이 아는 지식

이런 것들을 마다할 사람이 어디 있겠는가?

안전이냐 용기냐?

예수님은 우리에게 선택을 종용하신다. 계산해 보라. 안락과 안전, 통제와 성공을 양손에 쥔 채 모험과 기적, 믿음과 예수님을 아는 깊은 지식까지 얻을 수는 없다. 예수님은 우리가 정말로 원하는 것을 택하라고 말씀하신다.

상처받고 도움이 필요한 사람들을 사랑할 용기는 어디서 얻을 수 있을까? 내가 늘 안고 다니는 다른 두려움과 고민을 내려놓으면 그런 용기를 낼 수 있는 공간을 마련할 수 있을지도 모른다. 내가 가진 고민과 두려움들은 사실 이웃 사랑과 별 상관이 없다. 대부분 훨씬 사소하고 하찮은 일로 고민하고 두려워한다.

> 우리 아이들을 성공한 인생으로 키울 것인가, 의미 있는 인생으로 키울 것인가?

예수님은 부모 된 자들에게 한 가지 선택을 더 요구하신다. 자녀들을 **안전하게** 키울 것인가, **용감하게** 키울 것인가? **똑똑한** 사람으로 키울 것인가, **사랑하는** 사람으로 키울 것인가? 우리 아이들을 **성공한** 인생으로 키울 것인가, **의미 있는** 인생으로 키울 것인가? 하나님은 당신의 자녀들을 어떻게 키우시는가? C. S. 루이스는 『고통의 문제』(*The Problem of Pain*, 홍성사)에서 우리가 충분히 숙고해 볼 만한 논평을 제시했다. "사랑은 단순한 친절보다 더 단호하며 탁월한 것입니다.…단순한 친절은 고통을 면하게 해 줄 수만 있다면 그 대상이 선해지든 악해지든 상관하지 않습니다."

부모로서 너무 부족한 나는 때로 내 아이들이 어떻게든 고난을 피할 수 있기만을 바란다. 하지만 내가 아이들을 100퍼센트 안전하게만 키운다면, 그 아이들에게는 선한 사람이나 용감한 사람이 될 기회가 전혀 없을 것이다. 내가 정말로 바라는 게 그것인가?

지난 10년 동안 IJM에서 일하면서 얻은 가장 큰 특권은 젊고 유능하며 열정적인 인턴들을 수없이 만났다는 사실이다. 그들은 지성과 근면, 진심을 발휘하여 맡은 일을 훌륭히 수행해 냈다. 그들이 나와 동료들에게 얼마나 큰 영감을 주었는지 모른다. 재미있는 사실은 IJM 인턴십 프로그램을 통해 인턴들의 부모들을 만날 기회가 많았다는 것이다. 이 훌륭하고 열정적인 그리스도인 부모들이 그리스도를 따르는 자식들의 용감한 행보에 반응하는 모습을 지켜보는 것은 아주 놀라운 일이었다. 많은 이에게 쉽지 않은 경험일 텐데도 말이다.

우리는 전성기를 구가하는 그리스도인 청년 수백 명을 채용하여 아주 험한 지역으로 보내 가난하고 상처 입은 사람들을 섬기게 했다. 이것은 물론 이 젊은이들에게도 쉽지 않은 결단이었겠지만, 그들의 부모에게는 한층 더 믿음이 도약하는 계기가 되었을 것이다. 20여 년 동안 이 부모들은 자녀들의 마음속에 예수님에 대한 믿음과 사랑을 심어 주었다. 그런데 이제 이 아들딸들이 그것이 모두 사실인 양 행동하기 시작하는 것이다. 아이들은 가서 그대로 행하고, 부모들은 고민하기 시작한다. 대부분은 잘 견뎌 내지만, 그들은 모두 자신이 이 시험에 전혀 준비되지 않았다는 사실을 깨닫고 놀랐을 것이다.

나는 우리 자녀들이 언젠가 이렇게 물어 올 날이 오리라 믿는다. "엄마 아빠, 왜 저한테 이런 것들을 다 주시나요?"

아이들에게 온갖 좋은 음식과 집, 옷을 다 마련해 주었더니, 훌륭한 교육과 훈련, 조직과 사랑을 아낌없이 주었더니, 아이들에게 좋은 것만 주려고 열심히 일만 했더니, 아이들은 우리를 보고 이렇게 묻는다. "저한테 이런 것들을 다 주신 이유가 뭐죠?"

그러면 나는 솔직하게 대답한다. "네가 안전하게 살길 바라니까."

아이는 나를 쳐다보며 이렇게 말한다. "정말요? 그게 다예요? 아빠는 제가 안전하게 살기만 하면 되나요? 그저 나쁜 일만 일어나지 않으면 된다고요?"

그러고 나면 아이들 마음속에 있던 무언가가 사라진다. 아이들은 집을 떠나 안전하게 죽든가, 집을 떠나 엉뚱한 곳에서 모험을 찾는다. 그와 반대로 예수님은 모험과 더 큰 영광을 갈구하는 아이들의 마음에 확신을 주신다. 예수님은 자녀들의 소명을 확인해 주시고, 그들을 용감한 사람으로, 사랑하는 사람으로, 의미 있는 인생으로 양육하라고 부모 된 자들을 격려하신다. 하지만 솔직히 말해서, 나는 우리 아이들이 그저 안전했으면 하고 바랄 때도 있다. 그럴 때는 아이들이 내 두려움을 눈치채는 것 같다. 그런 두려움이 평생 작은 감옥을 만들 수도 있다.

하지만 예수님에 따르면, 전혀 그럴 필요가 없다. 아이들이 용감하고 사랑하며 의미 있는 인생을 선택하도록 돕는 것이야말로 예수님이 내게 주신 역할이다. 결국에는 이것이 세상을 바꿀 것이다.

예수님을 따르는 삶

그러나 예수님은 남을 인도하기 전에 나 자신이 먼저 결단해야 한다는 사실을 아신다. 예수님은 이 세상을 변화시키는 그분의 위대한 여정(비용이 만만치 않다)으로 모든 사람을 초대하고 계신다. 우리는 그 부르심에 반드시 응답해야 한다. 떠날 것이냐, 머물 것이냐? 예수님은 끈질기게 초대장을 내미시며 우리에게 선택을 강요하신다. 우리는 어떻게 할 것인가? 나는 내가 **믿는** 바를 예수님과 다른 사람들에게 이야기하는 데 훨씬 더 관심이 많은데, 예수님(과 나를 바라보는 세상)은 내가 진정으로 믿는 바는 내가 **행동하는** 바에 가장 잘 드러난다고 생각하신다.

그 사람이 가진 두려움이 그 사람의 행동반경을 결정하는 경우가 많다. 물론, 스스로를 두려움에 위축되는 사람으로 생각할 사람은 별로 없다. 또 우리의 두려움들은 행동이 필요하기 전까지는 (심지어 본인도 몰래) 감쪽같이 숨겨진 경우가 많다. 그때는 우리가 진짜 믿는 것이 우리가 할 수 있는 일을 결정한다. 이 땅에 머물 날이 얼마 남지 않자 예수님은 말로는 부족하다는 사실을 점점 더 분명하게 강조하셨다. 그분을 진심으로 믿는 사람들은 행동으로 구분할 수 있다는 것이었다.

예수님을 존경하고 따르며 그분과 함께 있으면서 그분의 복을 받고자 하는 사람은 많았다. 하지만 예수님은 그분을 전폭적으로 신뢰하는 사람을 택하셨고, 그들은 모든 것을 버려두고 예수님을 따랐다. 예수님이 맘에 들면서도 그분을 따를 만큼 신뢰하지 못하는 것은 복음서에 나오는 서글픈 모습 중 하나다.

그중에서도 가장 사람들의 시선을 끄는 이야기를 꼽는다면, 단연 "부자 율법교사"(많은 성경 번역본이 이렇게 제목을 붙였다)의 이야기다. 사실 이 부제는 매우 유감스럽다고 할 수 있는데, 대부분 제목만 보고 이 이야기가 자신과 전혀 상관없다고 여기기 때문이다. 우리는 율법교사도 아니고, 스스로 부자라고 생각하지도 않으며, 그 율법교사처럼 성경의 모든 계명을 지켰다고 주장하지도 않는다. 나는 늘 이 이야기를 읽으면서, 예수님이 마지막에 그가 사실은 탐욕스러운 죄인에 지나지 않는다는 사실을 보여 주실 때 이 거들먹거리는 위선자가 마땅한 벌을 받았다고 생각했다. 그런데 본문을 자세히 읽으면서 사실은 **내가** 바로 그 율법교사였다는 사실을 깨달았다.

복음서 본문들(이 이야기는 마 19:16-30; 막 10:17-30; 눅 18:18-30에 기록되어 있다)을 살펴보면서 나는 예수님을 사랑하는 독실한 신자를 발견했다. 누가복음을 보면 그는 지역 사회에서 (구체적으로 나오지는 않지만) 어떤 권위나 리더십의 지위에 있다. 하지만 그는 예수님 앞에서 절대 겸손한 태도를 보인다. 그는 말 그대로 예수님을 보기 위해 달려간다. 거만하고 자부심이 강한 권위자는 절대 누굴 보기 위해 달려가지 않는다. 그런데 이 열성적인 청년은 예수님께 달려가기만 한 것이 아니라, 그분 앞에 무릎을 꿇는다. 또 예수님을 부를 때 당대에 아주 큰 존경의 표시였던 호칭("선한 선생님")을 사용한다. 그의 마음과 생각은 늘 영원한 구원이라는 궁극적인 질문을 향했는데, 그는 그 답을 예수님이 가지고 계신다고 믿는다. 예수님은 이 젊은이가 율법 준수에 대해 이미 알고 있는 것을 지적하신다. 그러자 젊은이는 (그를 아는 모든 이웃 앞에서) 자신이 아주 어렸을 적부터 살인과 간음을 저지르지 않았으며, 정직하고 부모를 공경했다고 대답한다. 예수님은 그의 교만한 자기 의를 책망하시는가? 아니다. 오히려, 그 반대였다. 성경을 보면, 이 젊은이의 대답을 들은 예수님은 "그를 보시고 사랑하셨다"(막 10:21). 예수님은 그를 **사랑하셨다.** 어이없다는 표정을 짓거나 청중에게 웃음을 유발하지 않으셨다. 그저 "그를 보시고" "사랑하셨다."

그러나 이 열성적이고 남달리 독실한 신자는 뭔가 만족스럽지 못하다. 종교 전통의 가르침을 그대로 지켰건만 예수님 앞에서는 아직도 부족하게만 느껴진다. 실제로 젊은이는 자신이 율법의 기초를 모두 준수했다고 강조한 후에, "아직도 무엇이 부족하니이까?"(마 19:20)라고 묻는다. 예수님은 그의 개인 경건 생활만으로는 부족하다고 하신다. 하나님 나라에 들어가려면 더 필요한 일이 있다. 젊은이가 그 질문을 던지자, 예수님은 단도직입으로 답하신다. 예수님은 젊은이를 그의 두려움의 한계점으로 이끄시고 그 선을 넘어서라고 말씀하신다. "예수께서 이르시되, '네가 온전하고자 할진대 가서 네 소유를 팔아 가난한 자들에게 주라. 그리하면 하늘에서 보화가 네게 있으리라. 그리고 와서 나를 따르라' 하시니"(마 19:21).

이어지는 장면은 성경에 기록된 가장 슬픈 장면이라고 해도 과언이 아니다. 이 진지한 젊은이는 이 세상의 창조주이자 구세주를 따를 기회가 눈앞에 있는데도 포기할 것이 너무 많아 슬퍼하며 돌아간다. 왜 슬퍼했을까? 예수님을 따르고 싶은 마음은 간절하지만 그럴 수 없기 때문이다. 자신이 치러야 할 대가가 너무 커서 두려웠다.

이런 결과는 그가 실제로는 예수님이 선한 분이라는 것을 믿지 않았음을 드러낸다. 예수님은 선 자체, 즉 궁극적인 선이시다. 예수님을 "선한 선생님"이라고 부르는 이 독실한 청년은 그분을 선하다고 생각하는 것 같지만, 예수님은 이미 간파하신다. 우리가 하는 말이 아니라 **행동**이 중요하다는 사실 말이다. 그래서 예수님은 청년에게 물으신다. "어찌하여 선한 일을 내게 묻느냐? 선한 이는 오직 한 분이시니라." 예수님이 진정 전능한 하나님이요 궁극적인 선이시라면, 모든 것을 포기하고 그분을 따르는 것이야말로 가장 행복한 거래일 것이다. 퀴즈를 냈다면, 이 경건한 젊은이는 틀림없이 정답을 맞혔을 것이다. "천국은 밭에 숨겨진 보물 같아서, 그것을 발견한 사람은 **기꺼이** 모든 재산을 팔아 그 밭을 샀을 겁니다." 하지만 예수님은 **행동**을 요구하신다. 정말로 그의 모든 소유를 팔라고 하신다. 그리고 그 요청은 그분을 따르기 위해 치러야 할 대가를 두려워하는 그의 마음을 드러낸다.

IJM이라는 비영리단체(그때는 아직 단체가 만들어지기도 전이었다)의 첫 직원으로 일하기 위해 미국 법무부에 사표를 던지기로 결심했던 때를 아직도 생생히 기억한다. 친구들과 함께 3년 동안 IJM을 구상하면서, 이 세상에서 정의의 사역을 감당하면서 예수님을 따르겠다는 꿈에 부풀어 있었다(이론상으로만). 그런데 드디어 **행동**을 개시할 때가 왔다. 법무부에 들어가 배지를 반납해야 할 시간이었다. 마음이 심란해졌다. 그래서 용기와 안전이라는 두 마리 토끼를 한꺼번에 붙잡아 보려 했다. 상관에게 가서 **1년 휴직**을 요청하는 것이다. 그렇게 하면 이 비영리단체 일이 잘 풀리지 않더라도 1년 후에 복직할 수 있으니, 밑져야 본전이다. 하지만 미 법무부에 대한 나의 기여도를 알아보지 못한 상사는 정중하게 휴직 요청을 거절했다.

그토록 이 일을 위해 기도하고 애써 왔건만, 막상 현실로 다가오니 불안감이 이만저만하지 않았다. 직업을 내려놓아야 하는 상황이 닥치니 내가 앞으로의 일을 정말로 어떻게 생각하는지, 내가 두려워하는 것은 무엇인지에 맞닥뜨릴 수밖에 없었다. 나는 무엇을 두려워하는 것일까? 곰곰이 생각해 보니, 굴욕감이었다. 이 조그만 사역이 뜻대로 되지 않는다 해도 죽을 사람은 아무도 없다. IJM이 별로 좋은 구상이 아니어서 망한다 해도, 내 자식들은 굶어죽지 않을 것이다. 다른 직업을 찾을 때까지 부모님 댁에서 잠시 신세를 져야 할 수도 있지만, 이 정도 학력과 조건이라면 구직에 별 문제는 없을 것이다. 하지만 망신스럽다는 생각을 떨치긴 힘들 것 같았다. 내 원대한 계획을 사방팔방 알리고 다녔는데, 이제 그 계획이 별로였거나 내가 훌륭한 지도자가 못 된다는 사실이 증명될 테니 말이다. 어느 쪽이건, 창피하긴 마찬가지다.

이것이 바로 내 두려움의 한계점이다. 하나님이 나를 특별한 모험과 섬김으로 부르신다는 사실은 알았지만, 마음 깊은 곳에서는 멍청한 사람이나 패배자로 보일까 봐 두려워하고 있었다. 이런 사실을 깨닫고 극복하게 되었으니, 차라리 잘된 일이었다. 내가 쉰 살쯤 되었을 때 당시를 회상하며 이렇게 말하고 싶지는 않을 것 같다. '하나님이 나에게 도움이 절실한 사람들을 구조하는 운동을 이끌라고 말씀하신다는 사실은 알았지만, 결과에 대한 사람들의 이목이 두려워서 시도해 보지도 않고 그만 포기하고 말았지.' 이렇게 내 두려움을 구체적으로 표현해 보니, 오히려 격려가 되었다. 나는 그런 사람이 되고 싶지 않았고, 그런 사람이 될 필요도 없었다. 내가 할 일은 예수님이 주신 기회를 붙잡는 것이다. 그 일의 성공 여부는 그분께 맡기면 된다. 그렇게 해서 나의 두려움이 아니라 예수님을 믿고 결정할 수 있었다.

> 열심 있고 독실한 사람들에게도 두려움은 흔한 문제이지만, 얼마든지 극복할 수 있다.

정의를 위한 싸움에서는 이런 과정을 흔히 볼 수 있다. 열심 있고 독실한 사람들에게도 두려움은 흔한 문제이지만, 얼마든지 극복할 수 있다. 하지만 우리는 먼저 두려움이 제공하는 기회를 볼 수 있어야 하는데, 그것은 실제로 위험한 행동에 발을 내디딜 때에야 비로소 드러난다.

열정과 두려움은 얼마든지 공존할 수 있다. 복음서에 등장하는 독실한 젊은이의 이야기가 여실히 보여 주듯이, 예수님께 겸손히 달려가 그 발 앞에 고개를 숙이면서도 그분을 따르기 위해 치러야 할 어마어마한 대가가 두려울 수 있다. 그분이 우리를 끝까지 책임지실 거라는 믿음이 없기 때문이다. 하지만 본격적인 행동에 돌입하기 전까지는 이런 근본적인 두려움을 간과하기 쉽다. 예수님이 우리에게 집요하게 행동을 요구하시는 것도 다 그 때문이다. 예수님은 우리가 그분을 온전히 신뢰하기 원하신다. 선하고 전능하신 하나님을 따르면 만사가 형통하리라는 진실한 믿음 가운데 자유와 능력과 기쁨을 누리며 살아가길 원하신다. 예수님은 이 점을 매우 분명하게 밝히신다. 젊은이가 돌아간 다음, 예수님은 제자들에게 이렇게 말씀하신다. "내가 진실로 너희에게 이르노니 '하나님의 나라를 위하여 집이나 아내나 형제나 부모나 자녀를 버린 자는 현세에 여러 배를 받고 내세에 영생을 받지 못할 자가 없느니라'"(눅 18:29-30).

재산이 많은 젊은이는 이 부분에서 예수님을 신뢰할 수 없었던 것이 분명하다. 참 서글픈 일이다.

왜 예수님은 이 독실한 청년에게 그렇게 심한 요구를 하시는가? 그의 거짓 신앙을 폭로하려고 하신 걸까? 아니다. 그렇다는 증거는 찾아보기 힘들다. 이미 예수님이 무리한 요구를 하시기 전에도, 본문은 예수님이 "그를 보시고 사랑하셨다"라고 말해 준다. 청년을 너무나 사랑하신 예수님은 그의 불필요한 두려움의 한계가 어디인지 보여 주려 하신다. 그 두려움 때문에 그가 진정한 자유와 기쁨을 놓치고 있기 때문이다. 젊은이의 자선 행위로 가난한 사람들이 도움을 받을 수 있기를 바라신 것도 맞지만, 젊은이를 사랑하신 예수님은 그가 예수님을 따름으로써 영생**뿐 아니라** 그가 포기한 것보다 몇백 배는 가치 있는 것을 얻기를 진심으로 바라셨다. 본문은 그 점을 분명히 보여 준다. 예수님은 젊은이의 두려움의 한계를 아시고 자유롭게 하기 원하신다.

한계를 뛰어넘기

예수님은 우리도 사랑하신다. 예수님은 우리가 갖는 두려움의 한계를 아시고 자유롭게 하기 원하신다. 그래서 그분은 정의를 위한 싸움이라는 쉽지 않은 과제로 우리를 부르신다. 우리를 막다른 골목에 가두는 두려움의 한계가 있다. 하지만 그분은 우리가 속으로는 거기서 탈출하고 싶어 한다는 것을 아신다. 마음은 간절하나 갇혀 있는 우리를 보시고, 사랑해 주신다. 그분은 그 감춰진 한계를 우리에게 보여 주기 원하신다. 또 정의를 향한 부르심이 신기하게도 우리의 두려움을 드러낸다는 사실을 잘 아신다. 우리가 상상하는 것보다 훨씬 더 간절히, 그분은 우리가 그 한계를 보고 자신의 손을 잡고 그 한계를 넘어서길 바라신다. 예수님의 정의 사역은 분명 학대받는 사람들을 위한 사랑을 보여 주시는 방법이지만, 그에 못지않게, 우리를 위한 여정이기도 하다.

> 정의를 구하며
>   학대받는 자를 도와주며
> 고아를 위하여 신원하며
>   과부를 위하여 변호하라. (사 1:17)

이 여정은 그 명령을 따르는 사람들과 그 명령의 혜택을 받는 사람들 모두에게 자유를 가져다준다.

주린 자에게 네 심정이 동하며
　괴로워하는 자의 심정을 만족하게 하면
　네 빛이 흑암 중에서 떠올라
　네 어둠이 낮과 같이 될 것이며
여호와가 너를 항상 인도하여
　메마른 곳에서도 네 영혼을 만족하게 하며
　네 뼈를 견고하게 하리니
　너는 물 댄 동산 같겠고
　물이 끊어지지 아니하는 샘 같을 것이라. (사 58:10-11)

그리고 예수님은 말씀하신다. "와서 나를 따르라."

부록

IJM과 동역하는 방법

이 부록은 정의를 구하며 학대받는 자를 도와주며 고아를 위하여 신원하며 과부를 위하여 변호하는(사 1:17) IJM과 동역하기 원하는 개인과 교회들에게 구체적인 실천 방법을 알려 주기 위한 것이다. IJM코리아 홈페이지(www.ijm.or.kr)를 방문하면 부록에 나오는 자료들을 구할 수 있다.

교육

모든 노예에게 한 사람의 후원자를. 친구에게 다음 내용으로 이메일이나 문자를 보내라. "오늘날 전 세계에 노예가 4,000만 명이나 된다는 사실 알고 있었니?" 관심을 보이는 친구들이 있으면 다음 검색어로 인터넷에서 다음과 같은 키워드로 검색해 보라고 말해 주라. '현대 노예', '강제 노동', 'IJM'.

당신의 관심 분야가 노예제, 성폭력, 온라인 아동 성착취, 고아와 과부들의 토지 탈취, 불법 감금, 그 무엇이든, 모든 해결책은 문제의 인식에서 시작된다. 문제 인식은 변화에 필요한 사회적 요구를 낳는다.

또한 문제 인식은 성장에 필요한 자원을 충당하는 데 도움이 된다. IJM의 사역 확장에 가장 필요한 두 가지는 훈련된 전문가와 재정 지원이다. 이 두 가지를 구비해야 후원자가 필요한 가난한 사람들이 있는 곳에 가서 돕는 일을 지속할 수 있다. 이 문제를 인식하는 사람들이 늘지 않으면, 정의 사역의 성장은 한계에 부딪힐 수밖에 없다.

가족과 친구, 직장 동료, 교회 사람들에게 불의한 현실과 IJM의 사역을 소개하는 일에 동참하라. IJM코리아 홈페이지와 유튜브 채널(IJM Korea)에서 문서 자료와 영상을 구해서 다른 사람들과 나누고, 단체 홍보를 도울 수 있다.

정의의 세대. 지난 반세기 동안 북미 교회에서 일어난 변화를 통해, 자비와 긍휼 사역에 헌신한 많은 기독교 구호 단체가 일어났다. 지난 20-25년 동안에는 정의 사역에 대한 북미 그리스도인들의 태도가 달라지는 것도 목격하기 시작했다. 하나님이 그리스도의 몸을 감동하여 폭력으로 고통당하는 사람들에게 정의를 행하도록 역사하고 계신다고 믿는다.

다음 세대는 이런 변화를 계속해 나가도록 막대한 영향력을 미칠 수 있는 유리한 위치에 있다. 청소년 집회에서 강연을 하다 보면, 이미 참석자들이 하나님이 압제당하는 사람들을 위해 정의를 찾으신다는 확신을 가지고 있는 모습을 본다. 그래서 우리는 그들을 "정의의 세대"라고 부른다. 다가오는 세대에게 하나님이 주신 이 열정을 심어 주는 것이 우리의 바람인데, 이 일에는 당신의 도움이 꼭 필요하다.

탐색

IJM 선교 훈련. 흔히 실시하는 선교 훈련에 정의의 요소를 첨가하라. 단기 선교를 실시하는 교회가 많다. 개발도상국에 교인들을 보내 집도 짓고, 고아원 사역과 복음 전도 등을 감당하게 한다. IJM은 훈련 프로그램을 제공해 어떤 종류의 선교 팀이든지 현장에서 불의의 문제를 파악할 수 있도록 돕고 있다. 이 프로그램은 어떤 질문을 던지고, 어디를 방문하며, 무엇을 찾아야 할지 통찰력을 줄 것이다.

선교 팀이 섬기는 지역에서 불의의 문제들을 파악하면 하나님이 그 지역에 무엇을 바라시는지 전체적인 그림을 그릴 수 있다. 그 과정에서 선교 팀은 교회가 도울 수 있는 불의의 문제를 발견할 수 있을지도 모른다.

프리덤 선데이(Freedom Sunday)

프리덤 선데이는 교회에 IJM의 사역을 알리고 동역의 자리로 초청하는 교회 맞춤 프로그램이다. 이를 통해 21세기 현대 노예 문제를 직시하고, 그들을 구출하고 회복시키는 과정 가운데 하나님께서 어떻게 일하고 계시는지 나누게 된다. IJM은 언제나 열린 마음으로 하나님의 정의 사역에 함께 참여할 교회와의 만남을 기다리고 있다. 문의는 IJM코리아 홈페이지를 통해 가능하다.

참여

하나님을 구하라. 기도는 IJM의 원동력이다. 폭력적인 탄압을 만날 때 우리는 자신의 한계를 실감한다. 피해자들과 최전선에 있는 IJM 스태프를 보호하면서 사건을 해결하려면 하나님의 도우심이 절실하다. 그래서 전 세계 IJM 스태프는 매일 오전 11시에 업무를 멈추고 공동 기도 시간을 갖는다. 또 하루 30분 개인 묵상을 통해 하나님의 음성을 듣는 훈련을 한다.

우리는 하나님의 도우심을 구하는 이 일에 당신을 동역자로 삼기 원한다. IJM에서는 구체적인 사건과 관련된 기도 제목을 매주 뉴스레터로 발송하며, 매년 워싱턴 D. C.에서 세계기도모임(Global Prayer Gathering)을 개최한다.

세계기도모임은 IJM에서 매우 독특한 행사다. IJM 현장 디렉터 전원이 1년에 단 한 차례 워싱턴 D. C.에 모여 생생한 구출 현장과 그들이 겪고 있는 어려움들을 들려준다. 그 자리에 모든 IJM 기도 후원자를 초대하여 함께 기도하고 예배를 드린다. 하나님이 불의의 피해자들 편에 서서 간섭하여 주시기를 간절히 기도한다. 우리는 함께 하는 이 시간을 통해 놀랍게 기도가 응답되는 모습을 목격했다. 이 놀라운 기도의 역사에 동참하라.

주변에 있는 기도의 사람들에게 IJM의 소명을 나누라. 그 사람들에게 IJM코리아 홈페이지 주소를 알려 주고, 기도 편지를 구독하고, 그들이 압제당하는 사람들을 위해 정의를 구하는 일에 기도의 은사를 활용할 수 있도록 도우라.

프리덤 파트너가 되라. 프리덤 파트너 공동체의 일원이 되라. IJM이 압제당하는 사람들의 편에 서서 그들을 대변하고 싸우는 일을 도와주는 개인 월 정기 후원자들을 프리덤 파트너라고 부른다. 누구나 불의로 고통당하는 사람들의 인생에 기적을 일으킬 수 있는 능력을 갖고 있다.

당신이 지난 한 달 간 커피를 소비하는 데 지불한 금액이 얼마였는지 기억하는가? 그보다 적은 금액으로도 누군가가 자유를 찾을 수 있게 기여할 수 있다. 월 3만 원으로 프리덤 파트너 회원이 되면 IJM은 사건을 수사하는 한 지역에 투자할 수도 있고, 특정 불의의 문제(예를 들어 강제노동, 상업적 성착취, 온라인 아동 성착취, 공권력 남용)의 해결을 위해 자원을 투입할 수 있으며, IJM은 당신의 후원을 통해 이루어지는 구출 현장의 이야기와 지속적인 지역 사무소 소식을 전해 줄 것이다. 후원하는 지역의 구출 현장 이야기와 지속적인 지역 소식을 업데이트할 것이다.

IJM 홈페이지를 방문하여 "프리덤 파트너"(IJM.or.kr/freedompartner)에 들어가면 프리덤 파트너가 될 수 있다. 당신의 투자는 큰 보상으로 돌아올 것이다. 후원자가 생기고, 피해자의 문제가 해결되며, 가해자는 가혹 행위에 대한 책임을 진다.

프리덤 처치 네트워크(Freedom Church Network). 세계 선교에 정의를 녹여 내는 교회는 과연 어떤 모습일까? 우리는 그동안 홀대받았던 이 선교의 영역을 과감히 개척한 훌륭한 동역 교회들을 많이 만났다. 몇 가지 예를 들면, 이런 교회들은 (1) 그들이 선교하는 국가의 불공평 문제를 탐색했다. (2) IJM 스태프를 전 세계 핵심 지도자들에게 소개했다. (3) 전문인을 파송하여 IJM 현장 사무소에서 함께 일하게 했다. (4) IJM 팀을 위해 귀중한 연구 조사를 실시했다. (5) 가난한 사람들을 대신해 구출 비용을 지불했다. (6) 교회에 소속된 신실한 기독 실업인들과 동역할 수 있도록 연결고리가 되었다. (7) 이 사역에 참여하고 있는 교회들과 함께 사례를 나누고 연합하고 있다.

정의의 대변자. IJM은 다른 기관과 교회 지도자들과 협력하여 어느 국가가 어느 정도로 인신매매와 맞서 싸우고 있는지를 평가할 수 있는 방법을 개발했는데, 이 평가를 해외 원조 여부를 결정하는 한 가지 요인으로 삼을 수 있다.

이밖에도 할 수 있는 일이 무궁무진하지만, 이 일들을 하려면 당신의 도움이 필요하다. 지도자들은 유권자들이 불의라는 세계적인 이슈에 관심이 있다는 사실을 알 필요가 있다. 당신도 알다시피, 그들은 국내 문제에 대해서는 유권자들에게서 많은 피드백을 받는다. 끊임없는 학대의 희생자인 가난한 세계인들의 대변자가 되어야 한다는 강력한 목소리가 국민들 사이에 있어야 한다.

전 세계적인 교회. 정의 운동 최전방인 개발도상국의 지역 교회는 IJM 사역에 핵심적인 운동 공동체다. 이 교회 공동체들은 폭력의 직접적인 영향을 받는다. 이 회중 가운데서 하나님은 변화를 위한 사회적 요구를 만들어 내시고, IJM 팀에 합류할 지도자들을 세우시며, 영향력 있는 위치에 있는 그리스도인들을 접촉할 기회를 준다.

IJM은 전 세계 현장 사무소에서 일할 교회 동원 스태프를 꾸준히 모집하고 있다. 이들은 지역 교회와 교회 지도자들과 IJM을 연결해 주는 일을 담당한다. IJM코리아 홈페이지를 방문하여 전 세계 교회와 연합할 수 있는 구직 기회를 살펴보라. 우리는 IJM과 동역할 해외 교회 지도자들을 찾고 있다.

인권 분야 진로. 급속히 성장하고 있는 IJM에는 유능한 인턴과 자원 활동가, 전임 전문가들이 늘 필요하다.

IJM은 대학생, 대학원생, 로스쿨 재학생, 졸업자들을 위한 최고의 인턴십 프로그램을 운영하고 있다. 자신의 경험과 IJM 스태프의 멘토링을 통해 인권 분야 진로를 탐색해 볼 수 있는 절호의 기회다.

IJM 현장 사무소 중 한 곳에서 장기 봉사 활동에 관심 있는 전문가들을 위해 자원 활동 프로그램을 운영하고 있다. 또 전임으로 정의를 구하는 사역에 관심 있는 전문가들도 상시 모집 중이다.

변호사와 범죄 수사관은 물론, 경영, 관리, 훈련, IT, 후원 관리, 홍보, 사회사업, 회계 등의 분야에서 함께 일할 전문가들을 찾고 있다.

IJM코리아 홈페이지에서 인턴십과 자원 활동 프로그램 소개, 구직란에 올라온 상세 정보를 살펴보라. 하나님이 당신에게 말씀하고 계신지 먼저 확인하고, 주변 사람들 중에 IJM이 원하는 사람이 있는지 찾아보라. 잠시 짬을 내서 이메일이나 전화로 주변 사람들에게 IJM에서 자원 봉사하고 일할 수 있는 기회를 알려 줄 수 있다면 우리에게는 더할 나위 없는 축복일 것이다.

토론과 묵상을 위한 질문

1장 모험이 빠져 버린 여행

1. 여행은 떠났지만 정작 모험은 놓쳤던 경험이 있는가? 무슨 일이 있었고, 나중에 그 일을 생각하면 어떤 느낌이 들었는가?
2. 존 스튜어트 밀이 그리스도인들을 고발한 내용에 당신이라면 어떻게 대응하겠는가? "[그리스도인들은] 정작 행동이 필요할 때는 남을 찾는다. A씨나 B씨가 그리스도께 순종하려면 얼마나 더 멀리 가야 하는지 알려 주려는 것이다."
3. 당신이 순종의 한계가 어디인지 계산하는 모습을 발견한 적이 있는가? 당신은 무엇을 발견했는가?
4. 당신이 하는 일은 30분마다 멈춰서 하나님의 도우심을 간구해야 하는 그런 일인가? 당신이 그렇게 한다면, 일상생활이 어떻게 달

라지리라 생각하는가?

5. 당신이 안일한 믿음에서 벗어나 절박한 필요를 가지고 하나님의 공급하심을 목격한 때는 언제인가?

2장 구원받은 사람에서 구원하는 사람으로

1. 오늘날 수많은 그리스도인들 사이에 불만족이 팽배하며, 다수가 아직도 관광 안내소에 머물고 있다는 저자의 인식에 공감하는가? 당신의 삶도 그렇다고 생각하는가?
2. "이제 어떻게 할 것인가?"라고 자문한 적이 있는가? 어떤 상황에서 그런 질문을 던졌고, 그 후에는 어떻게 했는가?
3. "구원받은 것 자체가 최종 목적지가 아니다"라는 말이 사실이라면, 최종 목적지는 어디인가?
4. 저자는 우리가 하나님이 우리에게 주시려는 최선이 아니라 차선에 안주하는 이유를 세 가지 제시한다. 무지와 절망, 두려움 중에 당신이 가장 실감하는 문제는 무엇인가? 그 이유는 무엇인가?
5. 당신이 안전지대를 벗어나 용기를 발휘한 경험을 이야기해 보라. 평소에도 그렇게 살면 어떤 모습일까? 그렇게 사는 데 걸림돌이 되는 것은 무엇인가?

3장 용기로 이끄는 놀라운 길

1. 스스로 열심히 길을 계획했는데 당신은 틀렸고, 하나님이 당신을

위해 다른 길을 준비하셨다는 사실을 깨달은 적이 있다면 언제인가?
2. "[하나님의] 세상에서 정의를 위한 투쟁은…그분의 모든 백성을 위한 부르심"이며 복음 전도와 이웃 사랑보다 "정의 사역은 제자도의 기본"이라는 저자의 말에 동의하는가? 동의하는 이유, 혹은 동의하지 않는 이유를 말해 보라.
3. 저자는 "정의를 행하라는 성경의 명령도 '모호하기 때문에 무효'하다고 보일 수 있어, 구체화할 필요가 있다"고 주장한다. 또 "도대체 그게 무슨 뜻인지, 어떻게 하면 그렇게 할 수 있는지 감을 잡을 수 없으니 금세 절망하고 만다"라고 말한다. 이 장의 내용을 바탕으로 정의의 의미를 규정해 보라. 저자가 제시한 구체적인 예들을 이야기해 보라.
4. 정의 사역은 복음 전도나 긍휼 사역과 어떻게 다른가? 예언자 미가와 예수님의 말씀에서 이 세 가지 사역이 겹치는 부분은 어디인가?
5. IJM이 오늘날 이 세상의 폭력에 대해 알게 된 세 가지 비밀은 무엇이며, 어떻게 하면 우리는 그 폭력을 멈출 수 있는가?
6. 정의를 구하라는 성경의 부르심을 어떻게 정의할 수 있겠는가?

4장 정의의 하나님

1. 세상이 불의하다는 사실을 뼈저리게 깨달은 적은 언제인가? 어떻게 그 사건에 반응했는가?

2. "정의라는 구호"를 내세운 사람들이나 집단의 이름을 대 보라. 그들은 정의를 바라보는 당신의 시각에 어떤 영향을 미쳤는가?
3. "정의가 그리스도인들에게 선택 사항이 아니"라면, 지금 당장 정의 사역에 동참할 수 있는 방법에는 어떤 것들이 있겠는가?

5장 정의로운 예배

1. 예배에서 정의의 중요성을 강조하는 성경 본문들을 읽으면서 당신은 어떻게 반응하는가?
2. 성경에 나오는 표지판 중에 당신이 인생의 지침으로 삼은 것들은 무엇인가? 어느 것이 최고의 표지판이었나?
3. 다른 사람들이 하나님을 기쁘시게 하는 정의로운 삶을 살도록 격려할 수 있는 방법에는 무엇이 있을까?
4. 당신이 속한 교회가 교인들로 하여금 정의를 추구하도록 격려할 수 있는 방법에는 무엇이 있겠는가?

6장 하나님 사랑, 이웃 사랑

1. 불의한 대우를 받았다고 느꼈던 때가 있으면 말해 보라. 구체적으로 어떤 상황이었는지, 어떻게 느꼈는지 이야기해 보라.
2. "지난 수백 년간 대부분의 교회에서 이 중요한 성경의 명령[예배에서 정의의 중요성]을 무시했다"라는 말이 사실이라고 생각하는가? 그렇게 생각하는 혹은 그렇게 생각하지 않는 이유는 무엇인가?

3. 역사에서 커다란 불의의 세력이 드러나고 정의를 회복했던 사례를 서너 가지 들어 보라.
4. 평범한 그리스도인이 전 세계의 불의를 조금이라도 개선할 수 있다고 믿는가? 왜 그런지 이유를 설명해 보라.

7장 어둠에 맞선 사람들

1. 불의한 현실을 잘 알면서도 아무도 행동하지 않을 때 윌리엄과 도날디나, 이레나가 정의를 구하기 위해 일어난 동기는 무엇이라고 생각하는가?
2. 그리스도를 위해 불의라는 "어둠에 맞선" 신앙 위인의 예를 더 찾아보라.
3. 어둠에 맞서 싸우는 다른 사람을 보고 당신도 용기를 냈던 경우가 있는가? 언제, 무슨 일이었는가?
4. 어둠에 맞서 싸우는 당신을 보고 다른 사람이 용기를 얻은 경우도 있는가? 자세히 이야기해 보라.

8장 한 사람의 증거

1. 사랑하는 사람에게 도움이 절실한 상황이지만 당신은 아무것도 할 수 없었던 때가 있었다면 이야기해 보라. 그때 심정이 어땠는가? 결국 누구의 도움을 받았고, 그 결과는 어땠는가? 앞으로 똑같은 상황이 발생하면 어떻게 달리 대응할 수 있겠는가?

2. 당신에게도 불의한 상황에 처한 다른 사람을 도울 기회가 있었는 가? 있었다면, 그때 상황을 이야기해 보라.

9장 용기라는 선물을 붙잡으라

1. 우리의 소유물을 제하고 나면 우리 인생이 너무 하찮지 않을까 하고 두려워할 때가 많다. 저자는 우리가 하는 "대담한 행동"이 사실은 그런 두려움을 감추려는 의도가 숨어 있는 경우가 많다고 말한다. 당신도 그렇게 느끼는가? 당신이 두려움을 무마하기 위해 시도하는 기독교적 행동은 없는가?
2. 저자에 따르면, "우리의 재산, 명성과 지위, 자녀, 이념과 투자"는 모두 그리스도를 위해 "위험을 감수"해야 할 것들이다. 이 부분을 읽으면서 어떤 생각이 들었는가?
3. 저자는 그리스도(아슬란)가 좋지만 안전하지는 않다고 말한다. 그가 말하려는 속뜻이 무엇이라고 생각하는가?
4. 용기를 훈련할 수 있는 실제적인 방법을 서너 가지 이야기해 보라.

10장 안전을 택할 것인가, 용기를 택할 것인가?

1. 당신은 그리스도를 위해 고난받은 적이 있는가? 있다면, 그 고통의 요인은 무엇이었으며, 결과는 어떠했는가?
2. "하나님의 뜻에 합당한 고난이 있다"고 믿는가? 그렇게 생각하는 이유는 무엇인가?

3. 안전한 사람이 되고 싶은가, 용감한 사람이 되고 싶은가? 그 이유도 함께 설명해 보라.
4. 저자는 많은 그리스도인이 안락과 안전, 통제와 성공에만 관심이 있다고 말한다. 당신은 저자의 말에 동의하는가, 동의하지 않는가? 그 이유는 무엇인가?
5. IJM 같은 단체에서 정의 사역을 감당하기 위해 현재 직업이나 형편을 포기해야 한다면 당신은 무엇을 내려놓아야 하겠는가?

감사의 글

항상 용기 있는 삶을 결단해 준 IJM의 전·현직 동료들에게 감사합니다. 샤론 콘 우, 숀 리튼, 블레어 번즈, 존 리치먼드, 케인 크리스티 등 그들 중 다수가 이 책에 등장합니다. 그들 이외에도 전 세계에 흩어진 수많은 변호사와 수사관, 사회사업가, 지원 스태프, 사무직원들이 우리와 함께합니다. 하나같이 압제당하는 사람들 편에서 용기 있게 정의를 구한 사람들입니다. 빌 클락(Bill Clark), 파멜라 리빙스턴(Pamela Livingston), 베서니 후앙(Bethany Hoang), 래리 마틴(Larry Martin), 케이트 쿠퍼(Kate Cooper), 벳시 헛슨(Betsy Hutson), 루시 맥긴(Ruthie McGinn)을 비롯한 많은 사람의 도움과 격려로 이 책을 완성할 수 있었습니다.

이제는 고인이 된 사랑하는 형제 클레멘트 무덴다 대령을 알고, 함께 일하고 웃고 기도할 수 있는 특권을 주신 하나님 아버지께 특별히 감사드립니다. IJM 잠비아 현장 사무소의 책임자였던 무덴다 대령은 예수님의 온유함과 정의가 얼마나 강력한 힘을 발휘하는지 우리에게 보여 주었습니다.

마지막으로 사랑하는 아내 잰에게 감사합니다. 이 모든 용기의 여정을 마치고 돌아갈 수 있는 은혜의 나무요 안식처가 되어 주어서 고맙습니다.

CLF(기독법률가회) 소개

역사

1987년 기독교윤리실천운동 출범 당시 참여한 기독 법률가들을 중심으로 1993년 초부터 비공식적인 모임을 갖다가 1995년 기윤실 법률가 모임으로 공식화하였다. 처음에는 기윤실 사역의 법률 지원에 초점을 맞추다가 차츰 법률 영역의 기독 전문가 그룹으로서의 성격을 강조하는 방향으로 나가게 되었다. 그 후 여러 차례에 걸친 핵심 회원들의 논의를 거쳐 1999년 개혁적인 복음주의에 기초한 법률가 모임인 Christian Lawyer's Fellowship(CLF)을 창립하였다. 초기에는 CLF를 예수사랑변호사회, 기독변호사회로 불렀으나 2008년 이름을 기독법률가회로 바꾸었다.

미션

CLF는 예수 그리스도의 주되심을 인정하고 선포하며, 기독 법률가로서의 정체성을 확립하고 대안적인 삶의 모델을 세워 나감으로써 법률 영역에서 하나님 나라를 이루어 가는 것을 목적으로 하고 있다.

조직

CLF는 위와 같은 목적을 이루기 위해 이사회, 실행위원회 아래 (1) 법률 실무, 법학, 그리고 신앙 사이의 통합을 위해 성경적 법학 연구 자료를 수집, 번역, 발간하는 연구 위원회 (2) 기독 법률가들 사이의 교제를 돕고 기독 법률가의 대안적인 라이프 스타일을 실험하는 생활·공동체 위원회 (3) 기독 NGO를 법률적으로 지원하고 법률가로서 사회적 약자들을 섬기며 사회적 책임을 수행하는 사회 위원회 (4) 법대기도모임, 사법연수원 신우회, 고시촌 선교회, 로스쿨기독인모임 등 예비 법률가를 지원하는 예비 법률가 위원회 (5) 해외 기독 법률가들과 교류하고, 국내외 선교사들을 법적으로 지원하며, 저개발국에 법률적인 지원을 하는 선교 위원회 (6) CLF 전체 사무를 총괄하면서 회원관리, 회계, 사무행정 등을 담당하는 사무국을 두고 있다.

활동

각 위원회의 활동 내역을 살펴보면 연구 위원회는 그동안 외국의 성경적 법학 자료를 번역하여 회원들에게 소개하는 일을 해 왔는데, 최근에는 기독교 법사상에 관한 책들을 'CLF 총서'의 이름으로 한국 IVP를 통해 출판하기로 하고, 이를 위해서 2008년 초부터 변호사, 교수, 대학원생들이 월 1회 모여 관련되는 책들을 강독하고 번역하는 기독법사상연구모임을 하고 있다. 생활·공동체 위원회는 수년 동안 정기 목요모임(매주 목요일 저녁 7시, 문의 02-2087-3287)을 주최해 왔으며, 중보기도팀을 중심으로 월 1회 회원사무실을 방문하는 정오 중보기도모임과 청계산 기도원에서의 월례 중보기도회를 통해 회원 간의 친목과 영성 계발을 도모하고 있다. 사회 위원회는 기독시민단체지원팀을 통해 피난처, 난민인권센터, 희년선교회, 성서한국, 기윤실 등 기독 NGO를 지원해 왔고, 특히 탈북자, 장애인, 이주노동자, 난민들을 집중적으로 도와 왔다. 장애인차별금지법 제정 등에 핵심적인 역할을 담당한 노하우를 바탕으로 한 장애인팀, 통일을 준비하는 기독법률가들의 모임인 통일팀을 구성하였고, 이주난민법센터를 통해 난민소송과 난민법 제개정 운동, 난민인권실태조사 등에 참여하고 있다. 2011년에는 공익적인 일들을 더 전문적이고 체계적으로 하기 위해 공익법센터 APIL을 세웠다. 예비법률가위원회는 고시촌 선교회와 법대기도모임을 지원할 뿐 아니라 법대생, 로스쿨생들의 소명 발견을 위한 인턴십 프로그램, 법대생과 연수원생 그리고 기독법률가들이 함께하는 법기독 컨퍼런스, 로스쿨 시대를 맞이하여 주기적으로 로스쿨에 있는 기독 모임을 방문하고 로스쿨 학생들을 초대하여 로스쿨생들을 위한 훈련 코스와 CLF 학교 등을 운영하고 있다. "사회 복지 그리고 종교"라는 주제로 한중(韓中) 기독 법률가 컨

퍼런스를 주최한 바 있는 선교 위원회는 해외 기독 법률가들과 적극적으로 네트워크를 하기 위해 기독 법률가 네트워크 및 저개발국 지원팀, 해외 선교사들을 법적으로 지원하기 위해 선교·법률지원팀을 두고 정기적으로 모임을 갖고 있다.

전국대회

2009년 8월에 "생존을 넘어 소명으로"라는 제목으로 제1회 CLF 전국 대회를 열어 기성 법률가와 예비 법률가 240명이 참석했다. 이후 매년 꾸준히 전국 대회를 열어 기독법률가로서의 정체성을 생각해보고 정의를 위한 용기를 새롭게 다지는 시간을 가지고 있다. 제14회 전국 대회에서는 다수의 기성 법률가와 예비 법률가가 참석하여 법률 영역에서 그리스도의 뜻을 따라 살아가는 것이 무엇인지 고민하고, 그 해결책을 모색하는 시간을 가졌다. CLF 전국 대회는 앞으로도 매년 개최될 예정이다.

문의

CLF에 대해 더 자세히 알고 싶거나 회원 가입을 원하시는 분들은 홈페이지 clf.or.kr을 방문하시거나 사무국(02-2087-3287)으로 연락주시기 바란다.

옮긴이 이지혜는 연세대학교 영어영문학과를 졸업하고, 한국기독학생회출판부(IVP) 편집부에서 근무했다. 영국 옥스퍼드 브룩스 대학에서 출판을 공부하고(M.A.), 현재는 프리랜서 출판기획자 및 번역가로 활동하고 있다. 옮긴 책으로는 『뜻밖의 손님』 『아버지의 빈자리』 『냅킨 전도』 『그리스도인의 양심 선언』(이상 IVP), 『망가진 이정표』 『하나님과 팬데믹』 『혁명이 시작된 날(이상 비아토르), 『나는 왜 기도가 힘들까』 『분노』 (이상 생명의말씀사) 등이 있다.

CLF 총서 2
정의를 위한 용기

초판 발행_ 2011년 1월 17일
초판 4쇄_ 2017년 9월 13일
개정판 발행_ 2022년 10월 21일

지은이_ 게리 하우겐
옮긴이_ 이지혜
펴낸이_ 정모세

펴낸곳_ 한국기독학생회출판부
등록번호_ 제2001-000198호(1978.6.1)
주소_ 04031 서울시 마포구 동교로 156-10
대표 전화_ (02)337-2257 팩스_ (02)337-2258
영업 전화_ (02)338-2282 팩스_ 080-915-1515
홈페이지_ http://www.ivp.co.kr 이메일_ ivp@ivp.co.kr
ISBN 978-89-328-1950-1

ⓒ 한국기독학생회출판부 2011, 2022

책값은 뒤표지에 있습니다.
무단 전재와 복제를 금합니다.